清宮秘史

十葉野聞

許指嚴——著
蔡登山——編

序：許指嚴與《十葉野聞》

蔡登山

《十葉野聞》是許指嚴的掌故筆記力作，原書名：《清秘史十葉野聞》，下署「毘陵許指嚴著」，最初於一九一七年由國華書局出版，出版後多次再版。

許指嚴（一八七五至一九二三，一說一九二五），近代小說家。名國英，字志毅，一字指嚴，又作子年，別署甦庵、不才子等，江蘇武進人。南社社員，出身仕宦之家。

清末曾執教於上海的南洋公學（今交通大學前身），文壇名家李定夷、趙苕狂等皆為其高足。繼受商務印書館之聘，編寫中學國文、歷史等教科書，兼教該館練習生。入民國，主講金陵高等師範。繼而赴京，任民國政府財政部機要秘書。兩年後辭歸上海，除一度曾任某銀行文書外，皆以賣文糊口。一九一七年曾編輯《說叢》。生計窘迫，又極嗜酒，曾向世界書局經理沈知方預支二百元，為其杜撰《石達開日記》，居然銷路甚好，重版數次。又為天臺山農（劉介玉）代筆，劉得其名，許取酬資。亦曾懸牌賣字，自謂：「兔毫禿盡身垂老，換得人間賣命錢。」其貧困可知。

許指嚴自幼多聞祖父講述官場秘聞，故作品多為掌故性雜記，如《清鑒易知錄》、《清史野聞》、《天京秘錄》、《三海秘錄》、《新華秘錄》、《十葉野聞》、《南巡秘記》、《京塵聞見錄》等。又作小說頗多，僅長篇即達十餘部，如《泣路記》、《近十年之怪現狀》、《民國春秋演義》、《電世界》、《模範鄉》、《蠆尾毒》、《醒遊地獄記》、《劫花慘史》等；短篇小說輯為《許指嚴小說集》、《許指嚴小說精華》。另有《埃及慘狀彈詞》、《小築茗談》、《指嚴餘墨》等作品。

許指嚴是民國初年聲名顯赫的通俗作家，他寫小說，也寫掌故。范煙橋曾評價道：「許指嚴之死，掌故小說與之俱死。」時人有詩為證：「騰實飛聲紙價高，飫聞字字勝醇醪；人書俱死煙橋語，四字真堪為汝褒！」由此足見許指嚴掌故小說在民國文壇上的重要地位。

《十葉野聞》是許指嚴整理的史料筆記，上起明末，下迄民國初年，事涉清代十世掌故，凡四十三條一百卅八事，內容龐雜。包括逸聞軼事、中外戰爭狀況、宮廷爭鬥陰謀、官場腐敗、朝廷醜聞等，揭露了清朝統治的種種黑幕，對慈禧太后的專權和奢侈、太監李蓮英的驕倨婪索、慶親王奕劻的賣官鬻爵及其他貪官酷吏的劣跡等等，冷嘲熱諷，躍然紙上。本書敘事生動，雖有小說家之言，但對中國近代史研究有一定的參考價值。

目次

一、奉安故事

清初《東華錄》所載，及《開國方略》等書，俱言以帝儀葬明思宗，一似恩禮前朝備至。不知此特定鼎後，從諸臣之請，下詔掩飾耳目，為收拾人心計耳。按《聖安本紀》及《泣血錄》等書，都言闖賊入宮後，得思宗及后屍，盛以柳板，暴置宮門外三日，始得小殮。其殮也，殆桐棺紙衾，下儕槁葬，彼等遺臣不忍涉筆矣。及滿人入關，文字獄急，亦無敢彰滿主之涼德者。及讀鄉先輩邵青門先生文，書趙一桂事，不禁恍然。比客京師，悟大學校生趙某者，縱談明季事，自言一桂為其遠祖，子孫藏有乃祖筆記，當日事纖悉靡遺，較青門文特詳，今存祠中。因口述其大略，予紀而錄焉：

一桂為輦下肆商，抱布貿絲，往來市廛間，樸願無過人處。及京城陷，使眷屬居遠鄉，獨袱被策蹇驢，偽為軍中運糧食者，逡巡入國門，凡為亂兵所困者十餘次，幾不得脫。奮勇前進，卒達禁中。先是，御史某者，直聲震朝右，所居與一桂鄰。闖兵且至，御史以殉國自誓。一桂匿其少子，慨然以嬰、臼自任，且曰：「公苟正命，僕必為公營斂，如謝臯羽之於文信國故事。」及事極，御史固在圍城中。一桂知其必死，故棄家冒險入城以踐約，雖死於鋒刃不悔。無何，御史屍不可得，而帝、后遺骸，方為偽闖臣順天府某遣官薄葬。梓宮窄小，如平民禮，舊臣亦無一人哭臨者。時偽臣某驅使明臣如犬羊，因令漢奸苛立儀制，輕輛素旐，飄搖出城北，厝置於十三陵之旁。非特不修園寢，且不起陵樹碣，但以小石揭櫫曰「明某帝」而已。一桂既不得御史，則奔走視思宗之葬禮，傷心已甚。旋赴昌平，至夜深，獨慟哭陵下。袱被宿樹陰，野草牽衣，螢飛鬼嘯，不之顧也。顧不得思陵所在。有友人某，為昌平州吏目，延之食宿，如是者三日，奮然作曰：「吾力必改葬以天子禮，報大明二百年之深仁厚澤。且使腥膻之徒，知吾漢族尚有人也。」乃即作歸計，欲變產集資為大舉。顧自恨商儈不諳典禮，恐草草貽後世羞，意不如先覓一掌故儒生，黃門常侍，夙嫻朝章國故者，以為籌商治事地，然倉猝終不可得。最後乃得中涓人邢某，自言在宮中值差有年，社屋之日，曾目擊帝、后陳屍慘狀並葬所所在。又言田妃陵墓甚壯麗，苟帝、后合葬於此，尚不失體制。一桂乃與結盟為兄弟，出橐中金千餘，更往明陵探察。果由中涓指得昭陵旁一小丘，宿草未青，土痕猶濕。不覺悲從中來，念二百年帝王末路，乃至於此。古人謂：「一盂麥飯，幾樹冬青。」今且並此而無之，能勿傷感？中涓邢乃言：「漢家故事：梓宮須取東山之木，輪囷合數人抱者，空其中，飾以丹漆堊灰。奢者則雜以金玉，外施金台銀閣，以為之座。及葬，則隧道通宮，明器畢具，刻木為宮人、黃門狀，甚則殺人以殉，魚燈石馬，羅列隧前，百官負土為墳，各種一樹，以為紀念。今群臣皆諂事新朝，勝國典型，誰復記憶。縱有二三遺老，憑弔夕陽，亦不過淚灑千行而已。」一桂聞言，欷噓不已，既而奮然曰：「小臣無狀，寧毀家為此義舉，願黃門左右翼我，則感且不朽。」遂先鳩工起土，出舊梓宮。視之，則業已朽腐，木柹（櫟）片片落。啟棺視之，帝、后顏色俱如生，惟冠服微黯。蓋當是草草成殮，不知何所拾得敝服，妄以施之聖體也。一桂悲悼者久之，中涓邢亦伏地慟哭。即挈金往市中與某商訂購禮服儀品。某商者，舊為尚衣司供奉，稔知宮中儀仗及服制之等威者也。一桂往返與之密商，某亦義形於色，願以半價成全一桂之大舉，一桂感甚。先是，中涓侈陳葬禮服物，約需二、三萬金。一桂以為先帝儉德昭著天下，不宜過奢，以損盛德，乃參酌奢儉之中，某商亦深然之。因起田妃墓土，鑿山墼石，入羨道中。拾級由隧下若干方積，始發見甬道。納陛而升，中為正殿，列俑成行，衣履執器如生人，幡綍帷帳之屬悉具。前列祭品，簠簋完好，銀釭膏火未滅也。朱漆梓宮居中，鐘虡無恙，旁羅殉葬之玩好物甚具。一桂因與中涓商，將帝、后新作梓宮舁入，乃舉田妃棺移於右，而以思宗梓宮居中，周后居左。佈置略定，又因田妃有槨，帝、后俱無，爰議以田妃槨與周后，而為帝別作文木之槨，飾以鈿漆。費用不足，則中涓復引義士孫繁祉、劉再昌等捐集數百金。槨成，始安設妥帖。增購牲醴楮帛、金銀錁錠之屬，奉奠策祝，繼以哀哭。中涓、義士而外，勞役者數十人，莫不酸鼻流淚。附近居民爭來致弔，轟動鄰邑。縣官聞之，若有所感，乃使吏目某開縣支費，將為之請於朝，發給庫帑。一桂力辭不受，仍挈袱被，與中涓偕遁至遠鄉。吏目覓之，不得也。人問其故，曰：「滿清虎狼，吾何必以清白體供其魚肉？且即不得禍，而假先帝遺骸以沽榮名，尤不忍為也。」

嗟乎！較之「冬青樹」故事，其風義有過之。微青門一記，幾使此舉湮沒無聞，雖有藏祠之筆記，誰睹之而誰傳之？是可慨已。

情逾骨肉。或傳太宗未崩之先，多爾袞即通於后，特跡尚未著。至福臨即位，始覥然不諱。顧遵漢制，內則父子，外則君臣，天無二日，民無二王，故雖攝政，仍援君臣之義，不廢拜跪之禮。每入宮，或遇燕見，攝政王須北面而朝。博爾太后心惡之，下詔風諸臣議崇攝政王典禮，內三院首以皇叔九千歲之禮進。多爾袞冒昧不察，遽受其策。及行禮，諸臣一跪三叩首，而朝帝、后時，仍不免北面。一日，太后與多爾袞同遊海子，並輦而行，待衛前奏事，俱先帝、后而後及攝政。多爾袞偶有奏對，鴻臚贊禮者猶三呼跪拜如常儀，多爾袞心大不懌。翌日，使人謂太后曰：「予終不能與太后共用安樂，以予為職分所限，君臣安有敵體？方今心勞多病，請罷攝政職出宮，閉門思過，不復能望見太后顏色矣。」太后得奏，心大懊喪，乃立命內大臣某往攝政王府議下嫁事，且命內三院擬稱尊皇父大典。時明臣陳之遴為大學士，咋舌曰：「此禮亦可議乎？」滿人摭其言入告，太后大怒，命即論死以示威。會有救之者，謂下嫁大嘉禮，不宜用刑，乃降譴戍編管三姓城，於是無敢持異議者。時策書出內三院漢臣某手，或曰龔芝麓尚書。策引周旦姬文，浮華滿紙。自是群臣朝賀，咸先皇父攝政王，而後及帝。凡章表一切，咸稱皇父矣。福臨少長，心知其非，凡閱章奏有皇父字，輒廢閣不閱，或遣內侍送多爾袞處。顧福臨性沉默，好佛典，有怒輒隱忍不發。旋以多爾袞征討有大功，諸武臣咸聽命，四方未靖，恐投鼠傷器，且不欲傷太后心，乃有醇酒婦人之意，如漢惠帝故事，厚寵董妃，輒不視朝。及九王敗，始稍稍問政事。

（二）

清太宗后博爾濟氏有殊色，肌膚如玉，宮中私號之曰「玉妃」。初僅為才人，慧黠有智謀，言輒稱太宗旨。世傳以參汁進於洪承疇說降，遂盡得關外地，卒覆明社，其功不在開國元勳下也。玉妃既得參與帷幄機謀，權力日進，又以生皇子福臨故，遂得正位為后。有妹嫁九王，即多爾袞福晉，貌亦殊麗，白皙光豔與姊等。人以別於后，故彼曰「大玉妃」，而此曰「小玉妃」。兩玉妃初極相得。洪承疇之降也，操此秘密勝算，折衝於帷薄內者，蓋小玉妃亦為之疏附焉。太宗固知之，以故待九王亦特優異。既都瀋陽，起居儀從漸仿漢制，官禁稍稍森嚴，獨九王以參與密謀故，恒出入自由。太宗頻年用兵，東征西討，幾無一日安處。既服朝鮮，轉師入山海關，圍京師，輒經年不還宮。內政瑣務，盡決於九王，而實奉大玉妃意旨，逢迎無所不至。大玉妃往往留九王居宮中，經旬不歸私室。小玉妃遣人探之，輒言軍國要事，日不暇給，況外出則恐犯漏泄之嫌，不便。小玉妃初信之，既而人言藉藉，頗多穢聲。小玉妃乃親往宮中，以請安為名，偵察動靜。大玉妃匿九王他所，不聽小玉妃入，且不與之面，遣人傳詔曰：「皇帝有旨：不奉令而擅入機密地者，殺無赦。幸福晉自愛。」小玉妃大羞憤，欲自裁於宮門，為左右所持，乃勸慰之，使歸。自是，玉妃姊妹花變為仇敵矣。會闖兵破明都，吳三桂引滿兵入關。未發，小玉妃賄某王進言於太宗，白大玉妃、九王醜狀，纖悉靡遺。太宗震怒曰：「朕不處分此獠，何以取天下！」乃命返師瀋陽，欲先正宮闈，而後出兵取明。還宮未逾一日，以暴崩聞。人皆疑為大玉妃及九王所弒，但其時九王黨羽頗盛，莫敢攖其鋒也。旋奉遺詔攝政，師入燕京，遂恒居寓中。政事機密，大玉妃一以委之，公然帝制自為矣。小玉妃既抵燕京，恚不往朝太后。或勸以掩飾朝廷耳目，不得已，乃一往。太后方與九王宴樂，乃命宮人引入他室，半未一面。小玉妃擲冠而起，大肆詬厲，宮人咸掩耳。或以報太后，太后欲使武士縛而辱之，總管某進曰：「此所謂播惡於眾也，且太后有殺妹之名，不可。不如使皇父裁之。」太后乃命多爾袞先歸，使人傳召。小玉妃不信，以為九王尚在宮中，特太后之黨弄己，堅坐不返，必欲太后面見始退。久之，一侍婢持物入告，則九王之手環也。侍婢固小玉妃所親信者，始怏怏出宮。是夜，小玉妃以暴疾卒，舉朝無敢發其覆者。乃睿王削號後，府中人始洩之。

（三）

當順治八九年間，九王權力正盛，舉朝翕然稱皇父；宮中游宴，則與太后同輦並載，視福臨幼主蔑如也。一日，海子中方作競渡之戲，江南總督獻老舟工十餘人，操槳駕舵，如履平地，太后與九王樂甚。又值浙中獻女樂至，乃命開筵奏樂。豪竹哀絲，聲振林木。九王大悅，請太后同登水心亭，憑欄展眺。忽一舟子駕舟如飛而至，矯捷如水鷗，其勢直向九王。九王方嬉笑賞其健銳，舟抵亭堧，舟子躍而登，拔劍如虹，直刺九王。九王大驚，側身閃避，劍鋒擊中侍衛，斃焉，去太后僅數尺。亭外武士急起持之，舟子始就擒，乃罷樂撤戲。自是九王始知有人圖己，不敢復與太后同游，且太后亦不敢徜徉海子間矣。乃命嚴鞫舟子，則大言奉大將之命，為清朝除元惡。而大將所主使者，即今上是也。問官震駭，恐卒連成大獄，有傷主座，不敢以聞。僅言舟子素有瘋疾，忽眼花，見龍袍舞爪，形欲攫己，故出劍禦之。賄舟子使改供，舟子誓死不從。九王令心腹探之，悉其狀。遂鞭問官，而斃舟子於獄。時豫親王多鐸在江南，兵權方盛，部下之在京畿者，其勢亦不下九王，平時頗與九王不相能，故九王疑舟子必多鐸所為。乃召之還朝，以覘其向背。或告變曰：「豫王欲借清君側為名，奉幼主以行司馬氏八王故事。謀既成矣，盍先圖之？召而若來，可閱兵南苑，數而戮之；不來，則密旨使江南總督圖之可也。」及旨下，多鐸即日還朝。九王不得已，乃借郊迎慰勞之名，大閱兵南苑。多鐸既至，從容奏江南軍務方棘，而忽命北來何故。九王若有慚色，良久曰：「吾兄弟凋零如此，瓜爾佳之系，惟吾、子二人在耳。無從相見，安得不一謀良覿。且王勞苦備至，歸而稍事休養，亦誼所應爾。吾意固無他也。」多鐸曰：「感王念手足之厚恩，死且不朽。昔太宗宴朝，嘗指儲子謂吾二人曰：『他日夾輔新室，惟汝二人任之。同心協力，以為屏藩。』予在帝旁，式昭鑒之，願二人其毋忘斯言。今言猶在耳，而宇內殘孽未平，非吾二人行樂之日也。京畿兵力饒足，訓練嚴明，皇兄其善護幼主，以慰先帝之靈，以安皇太后之心。弟則並力南向，蕩平遺頑。他日獲竟全功，獻馘奏凱，然後與兄馳驅廣囿，歌舞太平，詎不美哉！」即日辭謝，九王以兵送之，至通州始返。自是憚多鐸之英明，稍稍斂跡。太后欲去多鐸，九王曰：「彼有大功於國，不可動也。惟他日當擇強鎮以處置之，勿使居中以間宮府之事，則幸矣。」福臨常使人通旨於多鐸，令防九王。九王偵知之，顧終以多鐸持正，不敢行成祖之事。無何，多鐸以江浙平，入朝。會九王墜馬臥疾，遂覆其權，數其罪，奉福臨親政。自以與九王同母弟，請罪。順治帝特旨開脫，且旌其功焉。

（四）

滿洲故俗向奉薩滿教，其祭禮奇異，尚有太古蠻野之風，不可為諱，而宮中祭堂子尤為特別。其祭式乃樹一木於廣庭中，四周供牲醴，雜以粉團油餅之屬。外則數喇嘛持鐃擊鼓，聲震數里外，竟夕始罷。及入關後，上自宮禁，下至旗民世僕，皆行之。惟宮中大祭用喇嘛至數百人，場廣數百武，皇上步行旋繞其中，以為大典。九王既攝政，旋稱皇父，乃公然與太后並祭堂子。先是，喇嘛某者，太宗朝老國師也。凡出師或攝兵大舉，必祭堂子。每祭，必國師率諸喇嘛從事。太宗錫以尊號為「護法大照高明國師」，敬禮備至。國師亦自謂祭必受福，與他師敷衍儀式者不同。薩爾滸山之役，太宗懾於明師之眾，且與朝鮮六路夾攻，恐兵力單弱不敵，意甚猶豫，雖命將出師，而此心耿耿，猶難釋然也。及祭堂子，國師行禮訖，入奏太宗曰：「此行必獲全勝，覆朱明之宗社，肇長白之宏基，即其濫觴也。」太宗問：「何以知之？」國師指木樁上紋，謂之曰：「此紋全直，且作南向之勢，故知破竹迎刃，所向無前。又其下有一紋，顛倒錯亂，即敵人之象，故知明師當一敗塗地也。」太宗信之，並力一向，果覆明師。自是，國師之聲價益高，而堂子祭禮愈益隆重。迨圍京議和之役，國師奉表入賀，謂此行即當代明正位中原，天與人歸，丁無疑義。既入關，攻燕京不下。太宗使人詢之國師，且令更祭堂子，以卜休咎。國師覆激烈，以為吾國既已代為之主，勝國之帝后，皆吾臣屬也，而猶祭其女后，毋乃褻尊？且致祭之由來，即隨此紀念而傳播，是不啻揚吾祖之恥辱，奈何不廢之耶？九王獨奮然曰：「不可！此祭所以為祖報恩，不祭是忘祖也。且此紀念，足以彰吾祖之締造艱難，與明廷之失政，何恥辱之有？決不可廢。」遂定議。既而九王之所親告人曰：「入宮之始，九王亦不以為然。其夜入宮，方與太后同夢，乃大呼見鬼。云明帝、后上坐，縛而撻責之。比醒怖甚。嗣是明宮神廟，無一敢動者。況祖制之祭萬曆媽媽，名正言順，彼安敢廢耶！」人始知其抗議之故。自是，每日致祭以為常。顧其祭禮亦甚奇特。每日子正三刻，東華門啟扉，首先入門者，即此主祭之老巫嫗也。布圍騾車一乘，不燃車燈，載活豬二口，直入內東華門，循牆而行，抵紫禁城東北隅，有小屋三楹，中供萬曆太后神像，即滿俗稱為「萬曆媽媽」是也。殺豬致祭畢，天始黎明。乃以餕餘之肉，分賜大清門侍衛。此肉為二百餘年老汁白肉，滿洲所甚珍者。侍衛食賜餕時，不設匕箸，各解手刀批之。又不准用鹽醬之屬，而味獨完好，殆如古人所謂太牢、太羹者。顧諸侍衛習漢俗久，淡食惜其無味，然格於禮制，不准用鹽，誰敢破此例者。惟侍衛等在直廬，去便殿甚遠，微特帝目所不及視，即王公大臣，亦罕過而問者。故諸侍衛恐用鹽犯稽察，而別設簡便以代之，則耳目不易周矣。法用厚高麗紙切成方塊，以好醬油煮透曬乾之，藏衣囊中。食時，乃取一片置碗中，舀白肉汁半盂浸之，頓成尋常所用之醬油，且味較優於市中所購者。乃以所批肉片蘸食之，佳美無倫，為外間所未有云。顧侍衛值班者俱得食，而不許攜歸。欲如東方曼倩之廉，而歸遺細君，卻不可得。聞之友人，前清時為值班侍衛者，語時猶津津垂涎。不知今日老白汁尚存否，當一訪之。

（六）

九王猿臂善射，力能搏虎，儀表偉岸，實亦人傑也。惜以諂事太后故，習於軟媚欺詐，遂並其心術而喪之；復溺於酒色，盡以精力，疲於纏綿歌泣之間。故不四十而銳氣頓減，衰弱如老人，卒以夭死。相傳大玉妃有蠱術，每夕能御十男。當九王未入宮之先，太宗頻年用兵於外，大玉妃常以布圍車載男子入宮，如晉賈后故事。及九王被寵，以一人獨當其衝，尚覺餘勇可賈，可謂奇稟矣。有小臣邢某者，漢軍也，夙居都下，雜猱屠沽飲博中，賤穢之事，靡不通曉，曾為勾欄中製造淫器，有專家能名。大玉妃不知於何處聞有此人，遂以重賞召之入宮，令九王盡考其術，嬲戲無所不至。嘗命巧工於三海深處築一九曲亭，中為密室，四周曲廊洞房，幾於天衣無縫，外入者未由得其塗徑，則終徬徨亭外而已；如迷樓，如八陣圖，巧匠所不能猝解，云亦漢人某所為。世祖少長，有黠者微洩其事，欲往覘之。既至，曲折盤旋，苦不得目的地。情急欲出，復迷誤回轉，良久無術。導者窮極智巧，僅得引出而已。世祖甚怒，欲殺導者，謂限三日，不得達目的地者必斬，洩此語者亦必斬。逾二日，導者繪一圖，循之行，始得入亭心密室。其中陳設奇麗，太后與九王固未來也。人聲闃然，且無守者。以外人從無闌入故也。其門用西洋玻璃為一角屏，四周有楹聯圖畫之屬，前有方案，微特不知者，誤為嵌壁之鏡。且驟入其境，鏡光外射，彷彿鏡中所收之園景，乃係亭之外廂。又類此鏡者有四、五，大小方圓，絲毫無二。即使知其機捩，而不記其第幾之數，仍不得其奧竅也。鏡內復有數重，始得達密室，其幽秘如此。世祖既入玄中，遍睹奇物，目駭手顫，幾於無一識其名者。恐為人所覺，倉皇走出。自此處心積慮，以芟除九王為己任矣。曾封密旨與豫王多鐸、貝子博洛等，謂：「朕終日芒刺在背，苟使獲見天日，皆卿等之賜也。」又言：「如虎入柙，積威使然。但荒淫無度，多行不義，必且自斃，此天道也。朕以國家多難，不欲輕於一擲，必計能發能收，始克濟事。卿等其念之。」世祖之堅忍有謀如此，故卒能勝九王，蕭梁明燕之事不復見也。九王後知世祖窺其隱秘，嚴詰導者，不得主名，乃雜治內侍，誅戮多人，宮府無不側目。大玉妃聞之，佯為不知，世祖亦不問也。

（七）

好色者必以瘵死，古人之言，良不誣也。九王既荒淫無度，竭其精力以媚大玉妃，而復私取宮女漁獵，無所不至。及三十六七而後，力已不支，歷求人參、鹿茸、腽肭臍之屬以為補助，仍苦其效果未閎。或獻策曰：「喇嘛在西番，向以興奮藥神其術。今聞其囊中多奇藥，而國師尤為領袖。皇父盍向索取，必有大驗也。」九王果向喇嘛請求。喇嘛曰：「此必皇父親祭之而後可得。」九王唯唯。國師乃為之設壇於宮中，牲牢樽俎，金台銀盞，備極豐腆。鐃鼓聲如怒潮，入夜則華燈百枝，繁星遍曜。喇嘛百八人旋繞誦經，梵吹音徹屋瓦。如是者三日，乃於壇中央置淨瓶一，大如牛膽，以膠皮紙封固其口，紙上有符籙狀。喇嘛又旋繞誦經良久，以拄錫略作手勢，颼颼一聲，封蓋之紙已揭。喇嘛乃傳命請九王登壇，植瓶下視，中空無物。方駭怪間，喇嘛忽於帽檐下探得小囊，才如扇墜。傾之，出二丸，大小僅於綠豆同，色正赤若丹砂，上作凹凸形。喇嘛指丸謂九王曰：「此西天子母丸也。昔達賴第一世祖坐床時，以此丸置金瓶中，傳其呼畢爾罕之第二世祖，其後世世相承。此藥能自生息，永久不滅，又名阿肌蘇丸。凡有大功德佛緣者，或大寶法王護法，則可以牝牡二粒為胎基，虔設經壇，誦咒三日，乃以淨瓶置丸其中。復虔祝七日，更移置淨室中三七日，始啟其封，則藥必滿中。取以治病，適如其分而止。此丸靈驗異常，非人力所可配製。皇父幸勿輕視。」九王唯唯，如其言，果獲丸藥滿瓶，約數百粒，絕未見有人置入也。且封固時面請九王作識，淨室中日夜遣人守之。喇嘛俱在室外，亦未嘗闌入也。九王初不敢服，大玉妃極信奉喇嘛，且言：「昔太宗嘗以此藥丸令服，故能精力過人。今見此丸，實與前狀無異，必有奇驗。」九王乃按法服之，不三日而神采煥發，精力大振。凡服半載，始畢一瓶。畢後一月，忽大委頓，急欲使喇嘛復為之。喇嘛索牝牡二粒為胎基，九王告以已盡無餘。喇嘛駭曰：「此丸名子母，須有母而後可得子。今已無母奈何！雖設壇作法亦無益矣。」九王曰：「爾所獨不存母藥乎？」喇嘛曰：「此丸俱存達賴法王庫中，東來時僅僅得此。今以皇父命，固不難調取。但必西土一行，往返須周歲。皇父不及待，無萬全策也。」九王曰：「與其無有，何如少待？」力促喇嘛行。喇嘛不敢違旨，束裝作行色，而實逗遛都下。未幾，九王以疲弱墜馬，遂不起。喇嘛告人曰：「吾見其精爽已離軀殼，求此丸必不及，故不煩多此一行。而又不欲違命，使之傷惱，故偶作狡獪也。」其後清帝有疾，喇嘛常以此丸療之。

見皮人能行動，且作攖拿狀，大悅。會世祖有疾，心神不寧，則以為皮人之驗也。是時，九王亦以怯疾委頓，中心怔忡，日覺煩躁，因獵於南苑。侍者不稱旨鞭撻誅戮者，日必數起，人人自危。乃有小豎銜恨，往告世祖以皮人狀。世祖遣心腹覘之，盡得其狀，且窮其皮人置他所。或云喇嘛受賄，故世祖得取之。旋有人往報九王。九王方馳逐，聞報大驚，怯疾頓作，因失足墜馬，股幾折，輿輦而歸。太后使御醫治之，曰：「督脈已絕，不可救。」未及三日而卒。世祖始將其皮人宣示君臣。太后聞之，大恚。托言進香五臺山，一去不返。後世祖出家，相傳猶及見太后也。皮人尚存其一，在今南池子瑪噶喇廟中。

(九)

世傳洪承疇之降也，有九約，即男從女不從，生從死不從，陽從陰不從，官從吏不從等云云是也。據嫻於清初掌故者言，此非太宗朝之事，實清師入關後，九王攝政時代與承疇雙方面訂者。先是，江南未平，明遺臣屢起義兵，警報迭來，宮廷震駭。太后與九王商收拾人心之妙計，九王曰：「今有洪承疇在，彼乃深知明人之性質。苟得彼悉心擘畫，天下不難定也。」太后若有所悟曰：「吾幾忘之。承疇真名將，昔日英偉之貌，今猶如在目前。明臣有此，實可不亡，惜其君不能用耳。」乃使九王宣召入宮，令宮人施地衣，設棉蕞，賜之侍坐。時承疇疾甫愈，咳咯咯有聲。太后與九王慰問體恤備至，並賜參汁珍品，令內監為之按摩。良久，始從容問安天下大計。承疇奏曰：「臣籌之熟矣。人心思舊，乃係天然之性，非必朱明恩澤深入人心，有過於大清之政績也。皇父、太后過慮，乃使老臣與聞大計，老臣敢不竭犬馬之忠，為涓埃之報。臣愚以為，人心宜緩不宜急，宜靜不宜動，宜小不宜大，宜輕不宜重，宜於不要緊處著意，更宜於不著意處下手。但使大綱要典不致妨礙，其餘網寬一面，悉聽彼所為。則良懦者有以安其心，狡黠者無所施其技。人心既靜，不可復動，則天下太平矣。」九王深服其高論，乃進詢方法。承疇袖出一摺敬呈，曰：「臣獨居深念，已妄籌九約，未識聖鑒可許施行否？」九王視之，有不明處，歷使承疇詳為解釋。太后聞之，亦稱善者再。九王曰：「是皆可行。且於我朝廷之大經大法絕無抵觸，而大有利益者也。」遂發內閣，令擬旨，即日頒佈。且著為功令，永久不廢。江南人士聞之，多偃旗息鼓而歸者。總督郎廷佐奏洪承疇有大功，宜配享太廟，九王許之。後九王敗，滿臣多以為言，世祖乃撤其從祀，蓋因其建議於攝政時代故也；若在太宗朝，則無反汗之禍矣。

（十）

九王以皇父之尊、太后之寵，而身死無幾，即治其僭逆之罪，奪號仆碑，不留餘地；且禁錮子若孫，以其賜邸為喇嘛廟。固由平日驕奢淫佚，有逾常軌所致。然亦多鐸、傑書等爭權相忌，而世祖積不能平，乃激之，使不得不然也。九王雖諂事太后，覥然稱尊，為歷史未有之奇醜，然在滿俗習慣，亦未為大惡。且其初擁護世祖，不無微勞，晚年乃有皮人等奇案，顧尚在莫須有之間，殊鮮實跡。惟其秉權自衛，不肯早退；世祖既長，猶居攝政，且與太后宣淫各節，不可為諱，有以激成世祖老羞變怒之心。而多鐸以求為江南王，如平西王位。九王恪守祖制，不肯假借。其實開國時，功令未定，親王封藩，絕非若後世之嚴禁。而九王恐其尾大不掉，加意防範，且與兵與餉，均不能滿多鐸之意。多鐸疑皆九王為之梗，積怨益深。又多鐸時在江南，習於清流之諷議，常以太后下嫁事為滿人之污點，心甚不平。謂九王賣國敗名，設人心藉以鼓煽，搖動國本，則其肉實不足食。幕中人多有為九王所黜者，又從而點綴之，於是傳入禁中。九王益疑憒，乃有南苑閱兵之舉。卒以人心頗助多鐸，九王無如何，未敢輕試，然世祖則決引多鐸以排九王矣。及怯病既成，措置又復乖舛，即不墜馬，彼世祖之密謀使者，絡繹於道，非朝召外兵，即夕清君側矣。故當九王出獵墜馬之先，世祖已密遣人召多鐸於江南，召傑書於關中，不日將起大獄。然天竟助清，九王自斃。否則操戈同室，喋血宮庭，以京師為孤注，苟明臣乘之割據江南，北方勢難兼顧，天下安危未可知也。聞世祖有謀臣曰尼哈，實鼇拜之先輩，初為世祖畫策，欲即召多鐸入為內大臣，免他日召外兵，致起大爭。世祖攝於九王之勢，不敢發命。後九王勢盛不可復制，始毅然與多鐸密謀去之。尼哈曰：「此危道也。即使九王可去，而奸人乘間起事，竊恐非數十年之力，不能弭此巨禍矣。」世祖曰：「朕不復能忍。苟舍此，卿尚有萬全之策否？」尼哈曰：「臣昨見九王，堂其劉爽已失，塊然軀殼，瘵疾已成，必不能久。盍少待之？苟其自斃，不勞手足之烈，而大憝可除，此天幸也。設不然，疾果漸劇，亦可風使引退，而召多鐸來京。先散其黨羽，傫然一病夫，無能為力矣。」世祖然之。不三日而九王墜馬死，世祖即日與尼哈等欲議其罪，太后不許，仍以禮葬之。及多鐸入，與尼哈等諷太后幸五台。太后自知無狀，且鬱鬱寡歡，遂往五台。途中

三、下嫁拾遺

太后下嫁，千古奇聞，自不待言。殊不知在滿洲舊俗，固無足異，特舉漢家歷史相較，始覺自慚形穢，而後譏為奇恥耳。在當時都中，除一二清流外，方且播為佳話，同瞻盛事。相傳頒一詔書，亦漢人手筆，略謂「朕雖以天下養，而太后春秋鼎盛，孑焉無偶，春花秋月，悄然不怡，表以皇叔攝政王，周室懿親，元勳貴胄，克配徽音，永承休美」云云。相傳當時婚禮之盛，為從來大婚所未有。蓋開國太后，特行婚嫁之禮，理固宜然，其無足怪。所難堪者，惟幼主耳。其時金帛賞賜，動逾千萬。輦下有巧工擅織技者，能以金銀絲織成帷幔茵褥之屬，精妙絕倫，明季宮中曾徵為供奉。太后聞之，遣人訪問。巧工不肯來，許以重金，亦不受，將執而戮之。有內監知其狀，獻計曰：「彼性孤僻，徒殺之而織工不成，求無益於太后。且太后嘉禮而行刑，以起謗讟，非計也。小臣有術，可使彼就範，惟不敢直陳耳。」太后問若何。曰：「巧工有妾常為大婦所厄，不得逞。苟使人許以織成後，由太后旨，許其妾同居。且先取其妾來，俟其織成後賜還，一若出於太后之特賞者，則彼必不抗拒。」太后許之，巧工果來，凡歷月餘而成全具，名其殿曰「鶯梭殿」。上自簾幕承塵，下至地衣，無不用金銀五彩絲組織，絢爛霞綺，眩人目精。蓋一殿之所

四、董妃秘史

自近世名人筆記，俱以世祖因董妃逝世，悲憤出家，且證董妃實即冒辟疆妾董小宛；而辨之者則歷引明季清初諸家說乘，坐實其非，謂妃係董鄂氏。董鄂乃長白舊部，世為清室臣僕，絕非漢人董姓。此考據非不博洽，然竊以為文人好事，裝點附會，在所不免。若秉筆署史，去取不容不嚴；而說部摭拾，亦未足深責。某君語予曰：「世所稱董妃，未必即係董小宛，而其人婉媚明麗，足使世祖傷念不忘。且敝屣萬乘之尊榮，以徇兒女之情愛，非等閒所可論也。」故董妃實為清初一代之尤物，而其道德品格，又在左嬪、陰后之間。相傳有御製誄詞，文詞俊偉篤摯，有足觀者。其詞云：

順治十有七年八月壬寅，孝獻莊和至德宣仁溫惠端敬皇后崩。嗚呼！內治虛賢，贊襄失助，永了淑德，摧痛無窮。惟后制行純備，足垂範後世；顧壺儀邃密，非朕為表著，曷由知之。是用彙其生平懿行，次之為狀。

后董氏，滿洲人也。父內大臣鄂碩，以積勳封至伯，沒贈侯爵，謚剛毅。后幼穎慧過人。及長，嫻女工，修謹自飭，進止有序，有母儀之度，姻黨稱之。

年十八，以德選入掖庭。婉靜循禮，聲譽日聞，為皇太后所嘉與。於順治十三年八月，朕恭承懿命，立為賢妃；九月，復進秩冊為皇貴妃。后性孝敬，知大體，其於上下，能謙抑惠愛，不以貴自衿。事皇太后奉養甚至，伺顏色如子女，左右趨走，無異女侍。皇太后良安之，自非后在側不樂也。朕時因事幸南苑，及適他所，皇太后或少違豫，以后在，定省承歡若朕躬。朕用少釋慮，治外務。即皇太后亦曰：「后事我詎異帝耶。」故凡出入必偕。朕前奉皇太后幸湯泉，后以疾弗從。皇太后則曰：「若獨勿能強起一往，以慰我心乎？」因再四勉之，蓋日不忍去后如此。其事朕如父，事今后亦如母。晨夕候興居，視飲食服御，曲體罔不悉。即朕返蹕宴，后必迎問寒暑；或意少亂，則曰：「陛下歸且晚，體得毋倦邪？」趣令具餐，躬進之。居恒設食，未嘗不敬奉勉食，至飫乃已。或命之共餐，則又曰：「陛下厚念，妾幸甚。然孰若與諸大臣，使得常奉色笑，以沾寵惠乎？」朕故頻與諸大臣共食。朕值愛典舉數觴，后必頻教誡侍者：「若善侍上寢室。無過燠。」已復中夜，戚戚起曰：「渠寧足恃耶？」更趨朕寢所伺候，心始安，然後退。朕每省封事，抵夜分，妃未嘗不侍側。諸曹章有但循例待報者，朕寓目已，置之，妃輒曰：「此詎非幾務，陛下遂置之耶？」朕曰：「無庸，故事耳。」后復諫曰：「此雖奉行成法，顧安知無時變，需更張，或且有他故宜洞矚者，陛下奈何忽之？祖宗遺業良重，即身雖勞，恐未可已也。」及朕令妃同閱，即復起謝曰：「妾聞婦無外事，豈敢以女子干國政？惟陛下裁察。」固辭不可。

仰庇之身，輕於馳騁，妾深為陛下危之。」蓋后之深識遠慮，所關者切，故值朕騎或偶蹶，輒忪然於色也。妃自入宮掖數年，行己謙和，不惟能敬承皇太后，即至朕保姆往來，晉接以禮，亦無敢慢。其遇諸嬪嬙，寬仁下逮，曾乏纖介嫉忌意，善則奏稱之；有過則隱之，不以聞。於朕所悅，妃亦撫恤如子。雖飲食之微，有甘毳者，必使均嘗之，意乃適。宮闈眷屬，小大無畏，長者媼呼之，少者姊視之，不以非禮加人，亦無少有誶詬。故凡見者蔑不歡悅，藹然相親。值朕或譴責女侍、宮監之獲罪者，必為拜請曰：「此曹蠢愚，安知上意？陛下幸毋怒。是瑣瑣者亦有微長，昔不於某事曾效力乎？且冥行干戾，臧獲之常也。」更委曲引喻，俟朕意解乃止。后天性慈惠，凡朕所賜賚，必推施群下，無所惜。封皇貴妃有年，乃絕無儲蓄。崩逝後諸含殮具，皆皇太后所預治者。視他宮侍亦無所差別，均被賜予，故今宮中人哀痛甚篤，至欲身殉者數人。初，后父病故，聞訃哀怛。朕慰之，揾淚對曰：「妾豈敢過悲，廑陛下憂，所以痛者，悼荅鞠育恩耳。今既亡，妾衷愈安。何者？妾父惟性夙愚，不達大道，有女獲侍至尊，榮寵已極，恐自謂復何懼，所行或不韙，每用憂念。今幸以時終，荷陛下恩，恤禮至備，妾復何慟哉？」因復輟哀。後復有兄之喪，時后屬疾，未便聞。后謂朕曰：「妾兄其死矣。曩月必再遣妾嫂來問，今久不至，可知也。」朕以后疾，故仍不語以實，安慰之。后曰：「妾兄心矜傲，在外所行多不以理。恃妾母家，恣要脅容有之。審爾詎止辱妾名，恐舉國謂陛下以一微賤女致不肖者肆行罔忌。故夙夜朕偶值之，問曰：「若今疾已篤，何以安也？」后曰：「惡可以妾病遺皇太后憂？我死乃可聞之耳。」洎疾甚彌留，朕及今皇后、妃嬪、眷屬環視之。后曰：「吾體殊委頓，殆將不起。顧此中澄定，亦無所苦。獨念以卑微之身，荷皇太后暨陛下高厚恩，不及酬萬一。妾沒後，陛下聖明，必愛念祖宗大業。且皇太后在上，或不至過慟，然亦宜節哀。惟皇太后慈衷肫切，必深傷悼，奈何？思及此，妾即死，心亦弗安耳。」既復謂朕曰：「妾亡，意諸王等必且皆致賻。意一身所用幾何？陛下誠念妾，與其虛縻無用，孰若施諸貧乏為善也？」復囑左右曰：「束體者甚無以華美。皇上崇儉約，如用諸珍麗物，違上意，亦非我素也。曷若以我所遺者，為奉佛誦經需，殊有利益耳。」故今殮具，朕重逆后意。概以儉素，更以賻二萬餘金施諸貧乏，此從后意也。凡人之美多初終易轍。后病閱三載，雖容瘁身癯，仍時勉謂無傷，諸事尤備，禮無少懈，後先一也。事今后克盡謙敬，以母稱之，今后亦視后如娣。十四年冬於南苑，皇太后聖體違和。后朝夕奉侍，廢飲食。朕為皇太后禱於上帝壇，旋宮者再。今后曾無一語奉詢，亦未曾遣使問候。是以朕以今后有違孝道，諭令群臣議之，然未令后知也。後，后聞之，長跪頓首固請曰：「陛下之責皇后是也。然妾度皇太后斯何時，有不憔悴憂念者耶？特以一時未及思，故先詢問耳。陛下若遽廢皇后，妾必不敢生。陛下幸垂察皇后心，俾妾仍視息世間，即萬無廢皇后也。」前歲，今后寢病瀕危，后躬為扶持供養。今后宮中侍御尚得乘間少休。后則晝夜目不交睫，且時為誦書史，或常談以解之。及離側出寢門，即悲泣曰：「上委我候視，倘疾終不痊，奈何？」凡后事，咸躬為葳治，略無倦容。今年春，永壽宮始有疾，朕亦躬視扶持三晝夜，忘寢興，其所以殷勤慰解悲憂，預為治備，皆如待今后者。后所製衣物今猶在也。悼妃薨時，后哭之曰：「韶年入宮，胡不於上久效力，遂遽夭喪邪！」悲哀甚切，逾於倫等。其愛念他妃嬪舉此類也。故今后及諸妃嬪，皆哀痛曰：「與存無用之軀，孰若存此賢淑，克承上意者耶。吾輩曷不先后逝耶，今雖存，於上奚益耶？」追思夙好，感懷舊澤，皆絕葷誦經，以為非此不足為報云。后嘗育承澤王女二人、安王女一人於宮中，朝夕鞠撫，慈愛不啻所生。茲三公主擘踴哀毀，人不忍聞見。宮中庶務，曩皆后經紀，盡以檢核，罔不當。雖未晉后名，實后職也。第以今后在故，不及正位耳。自后崩後，內政叢集，待命於朕。用是愈念后，悲感不能自止。因歎朕伉儷之緣，殊為不偶。前廢后容止，足稱佳麗，亦極巧慧。乃處心弗端，且嫉甚。見貌少妍者，即憎惡欲置之死；雖朕舉動，靡不猜朕。靡故別居，不與接見。且朕素慕簡樸，廢后則僻嗜奢侈，侈諸服御，莫不以珠玉綺繡綴飾，無益暴殄，少不知惜。嘗膳時，有一器非金者，輒怫然不悅。廢后之行若是，朕含忍久之，鬱慊成疾。皇太后見朕容漸瘁，良悉所由，諭朕載酌，故朕承慈命廢之。及廢，宮中無一念之者。則廢后所行，久不稱眾意可知矣。今后秉心浮樸，顧又乏長才，洎得后才德兼備，足毗內政，諧朕志，且奉事皇太后，恪恭婦道。皇太后愛其賢，若獲瑰寶。朕懷亦得舒，夙疾良

五、顧命異聞

（一）

世祖遜位出世，與宴駕情事當然不同。故其托孤寄命，從容佈置，意想中極為周到，亦自有理。顧按之事實，容有未盡然者。彼即感觸世緣，言下頓悟，勘破一切尊榮富貴，則蟬蛻濁穢，自有不可一刻留者。故康熙帝年方童稚，而竟不及待，毅然決絕捨去，謂非絕無繫戀，視子孫傳世事如空花幻影也乎？故官書所載世祖顧命大臣至八大員之多。其後互爭權利，幾危社稷。設非康熙帝英明，不且事幾不可收拾，欲安利之，適以危害之歟。間嘗疑顧命事未可信，後與掌故家某公談及。某公乃鼓掌曰：「信然。設非子言，吾幾忘之。」蓋康熙誅鼇拜詔，亦有「妄稱顧命大臣，竊弄威權」等語。後得宗室某之飫聞天家事者，謂鼇拜等五人實皆乘機攫取權利，並未恭承顧命異數。惟瑪尼哈特平日係左右近臣，確有世祖手詔，勉其忠輔幼主之語。然亦非正式拜受顧命，如周公、畢公然者。先是，順治帝以董妃既亡，抑鬱不自得。一日獨坐便殿，偶睹梧桐落葉，瞿然若有所念。顧左右曰：「人生不過數十寒暑，逐逐名利，何時可已？朕貴為天子，開國承家業已十有八年，長此營營，何時方得滿意？朕覺世事有如浮雲過眼，事後追維，味同嚼蠟，不如真修悟道，實為無上上乘，況朕幼日即有此志。邇來飽經世患，勘破情網。若不於此時解脫，更待何時！」語訖，立命召御前會議大臣瑪尼哈特等入，即勉以忠輔幼主等語，語至簡單。大臣俱攀駕乞留。世祖復答數語，意甚決絕，大臣等跽不肯起。頃之，世祖已命小黃門出篋中黃袈裟一、喇嘛帽一，從容易服，飄飄步行出東華門。瑪尼等俱長跪牽裾，不聽帝行，帝亦不怒。顧辭旨堅決，不可挽回，大臣乃請指派侍衛護送。世祖固言無須，以諸臣請不已，遂許侍衛四人隨行。後未至五台界，即遣還，卒未獲知帝所卓錫之地也。既行，瑪哈尼特等，方議禪立幼主事。鼇拜始列席定策，儼然自稱顧命大臣，諸受顧命者俱側目。聖祖既幼，亦不知顧命之真相，果誰是誰非也。且世祖瀕行，僅與諸臣寥寥數語。幼主絕未謀面，故聖祖迄不知鼇拜未預顧命，乃係事後自稱，以炫其能耳。

（二）

鼇拜既擅權自恣，初止魚肉同儕，出言多不遜；嗣見幼主長厚，心地仁慈，遂逐漸進步，竟至氣凌主座。聖祖幼即喜讀儒書，鼇拜方奏事，見聖祖誦讀不止，意甚不悅，乃面謾曰：「吾盛清自有制度，皇上宜讀喇嘛經，不宜讀儒生說。先帝不以臣為不肖，故使臣訓誨皇上。臣愚以為宜體先帝聖意，屏儒進釋，庶幾勿墜先緒。」聖祖笑曰：「彼一時，此一時。正位中原而云不讀孔子書，無是理也。朕思三教平流，可不分軒輊。卿奈何所見之不廣也？」鼇拜怫然曰：「皇上初政，即拒微臣之忠諫，殊不敢復問國事矣。」

即拂袖欲退，聖祖止之曰：「卿傅勿爾。朕非拒諫之主，讀書亦非壞亂之事，卿傅其平心察之。」鼇拜聞言，面有慚色。顧其剛愎自用之惡性勃不可遏，復顧而言曰：「皇上請以臣言付諸臣會議。設臣言貽誤者，臣願伏斧鑕以謝皇上。」聖祖知其驕蹇，遂一笑而罷，鼇猶悻悻未已也。一日，鼇拜復請策封其族祖某，曾從太宗征朝鮮有功者，侈陳事蹟，立請優獎。聖祖曰：「其功非不甚偉，然祖宗朝酬庸之典，亦至優渥矣。彼以將軍例賜恤，亦已甚矣。今尚欲何所請耶？朕不敢有加於祖宗朝之成例。卿其自愛。」鼇不奉詔，大肆申辨，謂：「臣受顧命之重寄，而遠祖不獲榮一階，大非人子顯揚之道。今日苟不獲溫詔，臣將痛哭於文皇帝之陵，不復能忝職左右。」聖祖心惡其要脅跋扈，而不肯取消其顧命重寄，乃從容曰：「朕別有旨，卿傅何事過勞？」鼇即謝恩，以為榮封已得，皇上所面命也。其專擅僭越類如此。或譖於聖祖曰：「鼇拜實未受先帝之顧命。當先帝大去時，立命瑪尼哈特等入，未嘗及鼇拜也。乃其後瑪子等奉命定策，翌戴聖主，事已大定矣。鼇忽一躍而起，爭取一席地據之，自稱顧命大臣，覥然不以為恥。皇上優容，不究其貪冒之罪耳。否則矯誣上命，妄借名器。其自隳品格者猶小，而敢於欺罔先帝者實大。且彼瑪尼而死之，罪尤不可勝誅。皇上如欲證明事實，但取瑪尼哈特所藏之先帝手詔，今在其子所，則真偽是非，不難大白矣。」聖祖復曰：「瑪尼哈特既有先帝手詔，曷不進呈，而擅自藏之於家乎？」對曰：「臣曾見之，詔中蓋指明呈閱時期，不至期不與呈。」聖祖曰：「今是否已至期？」對曰：「第問瑪大臣之子可。」聖祖果召瑪尼子等，問手詔語未畢，瑪尼等大驚失色，因跪奏：「先帝手付先臣，諭令秘密，候某年月日嗣君已長，可付與之，汝

六、拾明珠相國秘事

（一）

康熙帝性英明而兼果斷，故能以沖年親政，不動聲色，誅巨奸鼇拜。於是三十年中，文治武功，經營不遺餘力，四方底定，大勳告集，實清代之大有為者。迨春秋既高，尊榮太甚，精爽漸喪，百弊萌生。於是內而庶孽爭權，宮廷樹敵；外而奸諛弄柄，僉王紛來，迥非初日清明氣象矣。其時招權納賄，與青宮相倚庇者，實為大學士明珠。明珠本皇室懿親，狡黠善伺帝意，由部曹末秩，不十年而晉位宰輔，可謂幸矣。顧以聖祖英明，未燭其奸，其奢侈驕橫，即在滿臣中亦不多見。而聖祖方以儉德為天下先，獨優容不之問，抑何其術之工也。相傳康熙帝喜讀儒書及古今秘笈，又好天文算術。滿臣中莫有與之賡同調者，惟明珠能深窺其蘊。於是因逢迎之智，開汲引之門，廣延海內文藝博洽之士、奇異罕見之書，特設一儲材館於私邸。館中復置藏書樓，不惜重金，搜致秘笈。東南藏書之家，貧不能自存，則奔走門下，如願以償。文人少有才藝稱譽，百計奉為上客，所欲無不力致。故崑山徐氏等，皆陰獲其援引。其援彈鋏之客，不可勝計。每中秘有所考問，一旨足，並欲使冒為滿旗貴族也。其事絕秘，雖家人不與知，所知者惟一、二心腹而已。其夫人早卒，以妾代之，悍妒有力，明珠頗畏焉。或告之曰：「相國謀署外室，城西別墅中粉黛殆以百數，三十六宮都是春也。」夫人覘之信，怒甚，曰：「予必盡殺之，固不使相國知。」先是，別墅所購待年之姬，分科習文藝，宛若學校者然。如書史、詩詞、歌曲、音樂、弈棋、繪畫、雕刻、女紅、遊戲等，各占門類，習一藝成，以次遞習。有老儒杭人，博通書史，兼擅詩詞歌曲，相國聘之以教諸姬。老儒僅知為相國之待年寵也，所教為及笄女子三，曰新梅，曰嬌杏，曰茜桃，若姊妹花然。茜桃尤聰慧，年僅織素耳。老儒憐之，獨教之古列女節孝貞烈事，茜桃慨然欲自振撥，顧念身世，輒為之淚下。然技藝之精進，突過儕輩。偶見即能仿效，詩詞出語有天然韻致，非人力所能為也。老儒譽不置，而嬌杏頗妒之。院制：每女子三，必有一老婦管理其起居飲食，凡師教外督責之事皆屬焉。嬌杏嫉茜桃之能，輒短之於老姆。茜桃承若儒教，慷慨尚氣節，不肯諂事老姆。且以己所處地位，無異娼妓，永無撥雲見天之日。故覺生趣頓減，而怨憤之詞或見於詞色。於是老姆亦厭惡之矣。一日，會時節，聞夫人來園中游遨，諸老婦大驚，知必有禍，乃匿其馴擾心愛之姬，而班崛強者出迎，意謂夫人若加凌辱，此輩固無足惜耳。無何，夫人至，頗和藹無怒容。既遍閱諸姬，乃命膳夫設宴，以享群花。且命醉飽勿懼。既而命諸老婦善事諸姬，率婢嫗登車去。茜桃既入課齋，老儒見其雙頰微酡，問所以飲食者。茜桃具以告，且曰：「夫人固有禮，但未知肯釋放吾輩否？兒已微露求請意矣。」老儒色然曰：「危哉，此豈爾求請時耶？」茜桃曰：「何謂？」老儒曰：「夫人之有禮，於理為常，未可深信。恐其城府甚深，蘊毒亦愈厚耳。且雖不願爾輩在此，亦豈願爾輩安然他適，享太平之幸福？而爾騤露求請之意，彼知爾之不易馴服，必設計更速。惜哉，爾之不習世故也。」茜桃聞言，自悔性躁，伏案痛哭。老儒慰解之。新梅最長厚，爭來解勸，嬌杏則不知所之矣。未幾，茜桃腹痛，自歸寢室。比晚，新梅走告老儒曰：「茜妹死矣。凡侍夫人飲者十六人，中有六人得賜酒，賜酒者皆斃。」噫，殆酒中有毒耶？老儒歎曰：「吾知頭角崢嶸之為害速也，但爾輩亦不能免。嬌杏何如？」新梅曰：「嬌妹方鼓掌稱樂。」老儒曰：「婦人之妒，一至此耶。雖然，舐糠及米，彼自不知死期之將至。何樂之有？」新梅懼甚，齒為之戰，跽地求老儒援救。老儒曰：「吾姑試之，未知有效否。」新梅稱謝去。老儒乃函致其徒為顯宦者，言於相國求去。相國知有異，遣人引老儒至密室，詢所以求去之故。老儒以前事告，相國驚曰：「吾固不知。此禁臠也，奈何夫人貽誤若是？」老儒從容曰：「與其死之，不若生之。」相國頗首肯，乃命人稽園中人數。將下赦令，夫人已知之，爭先馳往，命縛色美者別置一室，而驅其中姿以下者。新梅樸訥無華，竟得漏網。因感老儒惠，輾轉訪得其寓所，願作奴婢以報。老儒乃納為子婦焉，而相國獻姬之事亦遂寢。

七、奪嫡妖亂志

（一）

康熙帝既立胤礽為太子，以為天下無事，娛情內典，藉自頤養，不日且內禪。而諸子眾多，俱以胤礽長厚，無奇才異能，坐躋大寶，心不甘服，咸思帝制自為。其間權力最盛、黨羽廣布者，則推胤禛、胤禩、胤禵、胤禟。胤禛即世宗，有異稟，膂力過人，能驅使番僧及海內奇俠之士為己用。胤禩等與之抗，各樹一幟。惟胤禔等常自附於胤禛，以張旗鼓，故胤禛與之感情頗洽，而視胤禩四人，則仇敵也。先是，滿洲家法不主立長，蓋尚襲蒙古、遼、金舊俗。既入關，諸臣文飾漢義，請立儲貳。康熙帝亦醉心漢家文化，恐不立儲為天下後世笑。貿然許之，而大錯鑄成矣。胤礽性厚重，短於智略，然苟使多讀書史，洞明大義，實足為一令辟。惜滿廷不事此，亦無出閣就學之典禮，但使嘛喇教之番經，世僕數員，督以清書騎射而已。聖祖因好儒書，獨不使儲貳懋學，為絕可怪之事，然實滿廷之劫運也。胤礽不知德足勝妖之事，習聞喇嘛之言，下至僉人群小，爭相構煽，遂與諸子徵逐，務為相勝，而事乃敗矣。當儲貳之初建，聖祖命與諸弟習射於便殿，彎弓無一中者，其他技擊，亦均不嫻，而諸子多勇武命中，胤礽引為大恥。師傅某公，滿人中昏庸之傑出者也。乃進言說太子，謂諸子獲勝，皆出崇奉喇嘛及養士之力。太子瞿然問計，師傅乃為畫計：爭致喇嘛及擊劍敢死之士，務勝諸子，敵勢自卻矣。太子固不更事，深信不疑，乃與諸喇嘛約曰：「苟有能以咒語秘術制人死命，使彼不敢抗衡者，尊為國師，受上賞。」又陰使人語各省大吏曰：「能求得奇俠之士，武勇技擊足以勝人者，封大官，舉主同受上賞。」於是喇嘛爭以魔術自效，而江湖術士、山谷伏莽，咸趨闕下，以求效用，京師紛擾，宮闈若市井。奇服異言之人，往來闕廷，司寇不敢詰。有識者皆知宮中多故，禍不旋踵矣。是時康熙帝方深宮頤養，潛心內典，外間事絕不聞知，左右亦必不使之聞知也。

（二）

胤礽之養士拜僧，實求自衛，誤中某傅之離間，初無意於樹敵也。一日，偶出獵南苑，見車騎自南來，從者至數百人，武仗甚整，且有喇嘛執器前導，狀至威猛，以為帝駕來也。將避之，左右進曰：「此非車駕，實四皇子之鹵簿耳。」太子驚曰：「彼一皇子，乃呵護之盛若此；我儲貳也，自顧不如，保不為人所笑乎？且其勢凌人，後此將為所制，大不可。」心怏怏然。既歸，商於某傅。某傅曰：「果爾，是不可不請於上，以正國體。」乃入奏四皇子鹵簿僭越狀。聖祖果諭令胤禛不宜違制，速減車騎，散黨附，免蹈刑法。胤禛聞太子所請，深銜之。自是一變前日所為，斥去車騎，而與喇嘛、力士等步行走京外，遊歷名山大川，不復有威儀而黨羽實益眾。胤礽以為畏己，肆然不復置慮，不知胤禛固臥薪嚐膽，以報此辱也。

（三）

胤禛既養死士，恐為太子所厄，常隻身走江湖，以為閱歷磨練之地，且自謂多知民間疾苦，則他日可有為。實則陰探輿論，籠絡在野之不軌者，以備推倒儲宮而已。嘗漫遊至嵩山，遇少林僧，技擊過人，乃膜拜求為弟子，僧直受不辭。其徒凡數十人，以胤禛食量過大，輒非笑之。又使炊煮以供眾食，胤禛樂於奔走，絕口不道宮禁事，人莫知為皇子也。半載而技成，諸僧又嬲之角力，胤禛避不應。眾笑其怯，幾無所不押侮。胤禛怒，奮起與鬥，卒勝所嬲之僧。師曰：「子技進矣。」遂贈一鐵杖，留為他日紀念，且言除一女子外，可持此橫行海內矣。胤禛既行，方下山，而宮監衛士麕集，蓋如約而至，眾始知其為皇子也。

（四）

胤禛微行自晉中歸，遇太子賓客於途，方毆擊人。倚勢凌辱，人不敢與爭，踉蹌呼哭，莫之過問。胤禛獨走問所苦。旁有惡少年大言曰：「爾為誰？敢來問訊。寧有三頭六臂乎？」胤禛熟視其面，出鐵杖猛擊，碎其腦，斃，從容返邸，而太子黨人已探知矣。夜遣劍客入邸，將刺胤禛。一喇嘛方侍胤禛誦經，見窗外有白光如匹練，上下無定。胤禛怪謂奇士曰：「寖深矣，不用斬截手段，此禍防不勝防。吾終不願鬱鬱居此土也。」奇士曰：「盍請大喇嘛來，當與之為最後談判。」胤禛允之。大喇嘛至，奇士曰：「降龍伏虎，當用其勢，過此以往，恐不能制，奈何？」大喇嘛曰：「謹聞命。特緩乎急乎？生乎死乎？惟殿下所擇。」胤禛思之良久，乃曰：「吾為皇父計，不得不緩；吾為皇兄計，又不得不生。」大喇嘛曰：「諾。」時太子以鐵冠術不效，聞胤禛仍無恙，恚恨成疾。大喇嘛入請曰：「吾能以阿肌穌丸治殿下疾。」太子曰：「子非助胤禛者乎？吾安敢服子藥？」大喇嘛曰：「否！否！胤禛暴虐，眾叛之久矣。今彼邀游四方，未敢返都下，邸中固闃其無人也。殿下不信，可詢之某喇嘛。」某喇嘛者，太子之親信人也，而實大喇嘛之徒黨。太子見術不效，鬱恨傷肝，性烈如火，撻辱誅滅頗夥。群下人人自危，至喇嘛亦不免詬辱。以故喇嘛有貳心，亦願助胤禛為虐矣。太子不知其計，以問喇嘛。喇嘛曰：「此西天活佛之師，其丸實能治百病，服之當必有效。若胤禛則畏殿下之威，當不敢復來輦下也。」太子信之，乃令大喇嘛出丸進服。胤禛遍賄青宮上下，無一人與大喇嘛為敵者。於是太子以孤掌之難鳴，受易性之狂藥，雖有知者，莫為之白矣。阿肌穌丸者本媚藥，或興奮劑，而茲則羼入猛烈之品，能使腦力失其效用，神經中樞為過度之激刺，亦不能制其百體，其形態遂類顛狂。斯時，太子因疾居外邸，不近婦女，故宮中妃嬪咸未知悉。延三日，太子益狂，便溺不自知，且毀壞器物無算，並御賜佛像等，亦投毀無餘。事既張，太子妃趨視，大駭，無術為之收拾，乃奏聞。聖祖遣人視之，則已不復能成禮，且已失一切知覺，動則騷擾如獷獸，靜則昏昏如負重疾。聖祖不得已，乃下詔廢其儲位，詔中多憤懣語。然責備太子無狀，卒不知為胤禛所嗾使，喇嘛所播弄也。太子妃惶恐，奔坤寧宮求救於皇后。皇后遣國師及御醫往視。是夜，國師方銜命出宮，憩某廟以待旦。大喇嘛膝行入，告以由來，歷數太子之虐及某喇嘛因忤太子意慘死狀。國師淒然曰：「然則吾不能為救治矣。以此主天下，吾輩尚有噍類乎？」及旦，草草入視太子，謂係不信神佛，心入邪魔所致。非別閉靜室中，灌以醍醐，咒以功德水，不能復其原性。宜速治之，遲且不救。御醫入，亦言心疾不可治。蓋清初喇嘛之勢力甚盛，御醫僅充數。喇嘛言如何，彼亦不敢與之爭辨也。旋皇后召太子入宮中，令擇靜室居之。日以功德水進飲，神思漸清，顛狂亦稍殺，乃令妃嬪入侍，益知斂抑，飲食亦增進。妃嬪私問前此病狀，亦自知否。太子乃言服某喇嘛丸，遂失知覺，以後即昏昏如在醉夢間也。妃嬪以告皇后，乃聞於聖祖。遣人窮治其事，將捕某大喇嘛鞫之，則已隨胤禛不知所往矣。以詰國師，國師曰：「吾徒皆忠於太子，且雍邸與太子亦絕無仇怨。此必奸人播弄，欲離間兄弟耳。苟有隱匿，吾設壇作法，使彼二人各至壇前，自相質問，則佛祖韋陀必不誰恕也。」聖祖可其請。皇后問曰：「胤禛不至，奈何？」曰：「吾能致之，且能縛大喇嘛來。」是夕，國師使人謂喇嘛與胤禛曰：「第來，必無恙。」及夜中，胤禛果至，以皮冠蒙首，狀極委憊，見後伏地不起。聖祖略有所詰，奏對極淒惋。太子入，見胤禛，色赬暴怒，詬厲不止。旋壇上有振錫聲，如使之跪。太子忽顛蹶，乃惘然自述欲殺胤禛狀，且歷舉所殺侍衛及喇嘛徒眾，狀至可怖。是時陰風猝起，燎燭皆作慘綠色，宮中皆聞鬼聲。聖祖以倦怠悚惕而退，皇后等皆廢然返宮。妃嬪奉太子下，則又昏然不省人事矣。自是昏瞀嘩噪，一如前時，不復有一隙之人因述來意，且言貨價不下數十萬金。行主瑟縮曰：「小肆資本甚微，恐不能擔此重任。請僅受其十之三，可乎？」曰：「無須。吾有要事他往，但求將貨速卸，輕裝而歸，爾行可不必付款，待來歲今日，復懸紅燈，則吾自能復來。屆時，當收爾貨金也。」行主大喜，乃命人悉遷其貨於岸上。屋宇不能容，寄存他家，匝日始畢。同業聞其有豪客來也，爭相趨附，即日售其貨數萬金。行主以奉客，客曰：「現吾勿需此多金，僅取十之四足矣。餘存爾行中，待來歲結束並取可也。」行主又欲以盛饌餉客，客搖首止之曰：「但取好酒數斤來，並此間海味數事足矣，不多費也。」行主奉命惟謹。逾日，客匆匆去。行主徐售其貨，數月而畢，贏利十餘萬金，連資本計，殆百萬也，頓覺巨富。惟候明歲今夕之約，與客瓜分餘利耳。及屆期，如約懸紅燈。客果至，則巨艘三五，較前次之貨又倍蓰焉。主人先奉舊帳，子母俱陳，請指麾分派。客麾又曰：「否！否！吾不需此多金。爾等第為我存之，欲用時通告提取可也。請速遷此次各貨登岸，勿稽我行期。」行主以客之惠甚厚，前此未多款待，方抱不安，此次必請多事盤桓，以盡地主之誼。客曰：「吾事大忙，不能領主人厚誼。請勿過留，但使一遊花艇，略開眼界足矣。」行主果導之遊紫洞艇中，遍徵群花以娛之。客殊無所戀，但飲啖甚豪，略聽歌曲而已，夜仍返宿舟中。次晨，告別欲去。行主苦留之，乃偕遊觀音山等名勝處，夜復飲於花艇中。行主使娼家以計羈縻之，拂袖竟歸。是時，舟中貨已畢登，次晨不別行矣，並一金未攜取也。行主甚怪之，顧業既受其貨，且致富絕無後患，則亦自幸天助而已。或疑為大盜，顧無案追者。且其態度華貴閒雅，殊不類下流人物。又明年，復按期至，惟貨已較少，然尚值十餘萬金。前後並姑讓之，他日大位必不彼屬，復何患？」自是胤禛聽其所為，遇輒避之。及即位，胤䄉復不遜，乃執而囚之，賜名曰「阿其那」，譯言狗也。尋即遣力士殺之。胤䄉猶能奮鬥至三日，始為毒劍所斃云。

（七）

胤禟力不如胤䄉，而智謀特勝，恒以小計窘迫太子及胤禛。方太子未發狂疾之先，每日朝兩宮後，即往西山馳獵，胤禟偽為恭順者，請為青宮前驅。太子喜，許並馳驟。乃陰令其黨用喇嘛術，以白鐵為限馬檻。誦咒設之，則人目不能見，惟與知其隱者則能見之。及馳，胤禟先越而過，絕無障礙。及太子躍馬過，馬蹶，太子墜馬，傷股甚劇，病月餘，幾殆。然止自怨控縱無狀，絕不知胤禟之計也。又嘗獻鹿脯於太子，陰以色作為識別。太子召與同餐，胤禟自認所識者食之，無害。太子食之，腹頓大痛，泄瀉幾瀕於死，醫治數月始復。固疑鹿脯之有毒，然胤固伴食，居然無恙，不能以是詰責也。惟胤禛探其狡譎，深忌之。胤禟知胤禛惡己，心常耿耿，欲有以報。會聖祖以歲初召喇嘛誦經，諸皇子皆宜會食。胤禟之位，適與胤禛相近。聖祖從上來，與胤禛僅隔一箭地，而胤禟適在其間。忽有一小輪從旁飛出，直擲聖祖之面。法輪者，喇嘛所用之紀念物，以精銅為之者也。喇嘛以是為可殺魔鬼，恒誦咒語飛出焉。今直擊聖祖之面，大不敬。聖祖方驚視，胤禟忽大哭呼痛，跪聖祖前，奏胤禛以法輪擊己。聖祖視之，則面紋已碎矣。聖祖思「頃間法輪擲朕面而過者，必由彼而波及也。」遂命力士持胤禛，欲撻之。胤禛泣辯其誣，且證實為胤禟勇可賈，工作常倍於人。晚則倚樹而歌，絕無疲乏意。寺門有巨石如伏獅，上可坐百人，蓋由峰顛墜下者，然亙古莫能移動。僧睨之，曰：「此石踞門前，殊不便，使人繞行。不如移置門左大樹下，既不礙路，且可坐以乘涼。」眾笑其妄語，僧亦不辨。相度良久，忽出兩指推石角，石兀兀動；復以掌推之，石忽倒轉；眾方舌撟不能下，僧更推之，則旋轉如球，至門左平面而止。視其下，皆粗沙碎礫，蓋墜下之跡猶存也。眾大驚，知僧為非常人，咸白於主座。僧大笑，跣而踞石上，呼之不下。蹬足者再，視之，石已入地數尺矣。主座乃自出，合掌迎之曰：「此必韋陀化身也。能以絕技傳衣缽乎？」僧乃自陳曰：「吾雖以力勝人，而未得節制之術。聞峨嵋有某師者，以技擊百八式教人。顧非有名山古剎主僧之介紹，彼必麾之門外。今吾此來，為求介紹也。」主座者乃為之牒以界之，且約學成不忘故剎。僧負擔去。後十年，主座者已圓寂矣，僧始歸來，以其術授徒眾，徒眾奉為主座者。於是少林技擊之名聞天下。雍邸過而慕之，從僧學，一年始去。顧學成，雍邸有所請，密談三日夜，僧遂循例送之出。雍邸憾之，令劍俠與鬥，卒不勝而罷。蓋雍邸欲僧從己入都，僧始終未允故也。習少林拳術者，例有迎送禮。迎時以一石鐘置階前，須提鐘而過，然後登殿拜師，蓋試其膂力何如。送時則歷門三重，每門皆置守僧。一以梃擊，須能避過，不能則自門檻下蛇行而出；二以刀棒，其阻攔亦如之；三則徒手相搏，其技術乃至高者，尤為難勝。相傳雍邸竟不能過第三關。因其皇子，禮不可辱以蛇行，始由主座僧特令開門恭送焉，顧雍邸常引為大愧恨也。

北行至晉，鬻技於市場。眾健兒以為一孤女，或藉此擇婿，於是趨之若鶩。又欺其荏弱，輒來嘗試。女皆敗之，取其金，蓋女意在得資入都耳。最後有僧挾重金來，相約曰：「勝則贈金，敗則當娶為婦。」俠娘羞暈，且惡其無禮，乃出少林法擊之。僧忽呼曰：「吾師妹也，吾知罪矣。」遂贈以金，伏禮而去。於是晉中無與為敵者。是時，雍邸已得黨羽報告，知女之異能，後必為患。乃商諸喇嘛，欲以血滴子法誅之。喇嘛曰：「否！否！是女有劍術，不可制也。宜用他術籠絡之。」雍邸悟，乃私囑張廷玉等：「有文士能娶奇女子者，朕必位以高秩。」廷玉等不悟其旨，歸以語幕僚。某甲忽自陳曰：「吾固知之，且吾亦曾相識。彼固重視文人者，惜吾畏禍，不敢與近耳。今上有旨，吾當竭吾忠以成之。」時俠娘方在景、滄間賣技，士人趨就之。蓋士人固亦晚村門人之同族，而與俠娘曾同筆硯者也。俠娘本不願嫁人，故雖屬意士人，而決然舍去。今眊氉都門，人皆因一孤女屬耳目，擬借士人為假夫婦以自掩飾，則目的易達，奸人或不易窺破也。士人既抵滄景，即往謁女。女果以禮晉接之，且偕之訪虯髯公。公見女之偕男子來也，大駭曰：「俠娘亦有夫乎？」女亟止之曰：「此所謂空花耳，師奈何小我？」虯髯曰：「吾固知之，聊相戲耳。雖然，吾今更得一女弟子，與爾不相上下也。天然公例，物必有偶。諒哉！」遂呼其徒出，則亦及笄小女子也。雖嫵媚動人，而饒有英氣。髯曰：「此名魚娘，非常女子也。」遂與女相見畢，密如故舊。既而謂俠娘曰：「以子卓卓，而受困於豎子，寧不可羞？設彼不悟者，吾必為姊手刃之。」俠娘悟，欲辭之。而士人已覺，星夜遁入京。未幾，而搜捕之令下矣。魚娘曰：「不入虎穴，焉得虎子。與其逗遛於此，為貪官污吏所捕，曷若徑居都下，以伺機會乎？」遂偕入都，復遇士人於逆旅，偽為落拓無聊者。俠娘哀之，士人更歷述別後蹭蹬狀。俠娘使為己書記，往來函札，一出其手。外雖為夫婦，實則凜乎不敢犯也。無何，俠娘偕魚娘往探宮中情景，輒若有備。魚娘疑之曰：「是直有偵探在吾儕肘腋間也。」一日，士人作一秘函待發，有友邀往宴飲，遂置案頭而去，魚娘取而挑視之，盡知其內容。蓋以兩人事報告於某大員，轉行進呈也。魚娘急告俠娘曰：「我言如何？此所謂養虎自貽患也。」俠娘曰：「然則今晚殆可入宮矣。子待傖父於此，吾一身先往探之。」魚娘曰：「可！」是夜，士人大醉歸。見魚娘獨坐，而俠娘不在側，以為有隙可乘。蓋士人初畏俠娘，而不知魚娘亦係女傑也。士人乘醉無賴，徑調魚娘。魚娘初猶動色相戒，意將待俠娘歸而處置之。士人竟爾相逼，不容須臾緩。魚娘怒甚，遂拉殺之。乃逾牆出，疾趨至宮廷，則宮中方大索人。聞傳旨召大學士入受顧命，知大事已了，大喜，飛躍而出。守衛士或有窺其影者，鳴槍擊之，幸未中。魚娘不敢復返逆旅，蓋恐館中事發，邏者已在門也。第不知俠娘生死何如，急趨虯髯家。則虯髯新死，斂未數日也。慟哭成禮而去。魚娘家本在微山湖中漁舟隊裡。既歸，思俠娘不置。忽忽十年，因事游泰山，登絕頂觀日出。忽對面石上立一高髻女子，神采欲飛，有凌雲氣。諦視之，俠娘也。把臂道故，喜極而悲。旋相約西遊峨眉，將逾苗嶺，入藏衛，禮真如，不知何日始返云。

（三）

金陵有甘鳳池者，以練氣運力，人莫能敵。聞且長於行路，日能達三百里，絕無疲乏態。嘗主某紳家，一夕窗外月明如晝，主人之興未闌。鳳池曰：「盍玩月乎？」主人呼僕啟窗，鳳池曰：「無須。」乃斂吸氣入鼻，復張口呼之，颼颼如秋風，晶窗八葉，一時並開矣。主人駭歎不置。又嘗置全席器皿菜肴於桌上，鳳池以兩指按桌邊而提之起，離地三尺許，高可逾肩。旋置原位，湯不外溢，杯箸無一移動者。又嘗力拔牛角，牛負痛而鬥。鳳池拳斃之，連斃二牛。雍邸時漫遊江南，聞之，願與結交。鳳池有特性：不喜見貴客，凡貴客來，必絕之；即非貴客，生客無相知之友紹介者，亦必避之。顧家貧，別無他屋，則煉氣入壁，以衣櫝自蔽，莫有能覓者所在者。雍邸突入其室，知其在家也。乃家人忽拒之，云已他往。雍邸不信，遍視室中，見衣櫝可疑。乃命從者移之，則宛然一人形貼壁上，但不言不動。雍邸招之出，不允。閉目如屍，乃以手擊之，偪偪然牆壁也。雍邸怒，用喇嘛咒促之，亦不動。乃取槍擊之，「砰訇」一聲而牆倒矣。人影俱滅，鳳池亦卒不見出，且不知安往。家人以為必且葬於火，哭聲大作。雍邸始悵然出，鳳池大笑曰：「累吾又走一家矣。」蓋已走入鄰家壁中也。人問何以不見雍邸，曰：「吾固知其皇子，不欲自投羅網也。」後諸力士之從龍者，皆以得罪死。人始服甘鳳池之先見云。

（四）

甘鳳池自言嘗遇一勁敵，殆九漢中之先輩也。途過江西某所，設廣場眩其術，方藐視一切，以為無足當我一擊者。諸健兒亦色然驚，五體投地。正自鳴得意時，忽一曲背之老者，笑於人叢中曰：「花拳繡腰，乃欲在此廣場中耀武，不畏人齒冷耶？」語罷，且咳人之坐處，則已桌傾椅倒，器皿悉翻覆，燈燭亦盡滅矣。爭久之，縛之繩始斷，兩手可開。乃力士已至，奮力與鬥。且鬥且走，未幾門破，而身已出矣。力士為檻所絆，仆不得出。泰官始盡力狂奔，得脫於難。自是折節改行為善，遇強凌弱，眾暴寡，或鄉里一切不平之事，輒拔刀相助，故晚年多稱頌者。偶至鄉僻觀農收，宿佃戶家，夜聞鄰婦哭聲甚慘。問居停主人：「伊何為若此？」主人言：「此事以不問為佳。吾儕各人自掃門前雪，猶恐有禍，尚敢多管閒事耶？」泰官曰：「子勿畏。事大如天，吾能了之。第言何害？」主人終不肯言，泰官欲自往問之。主人子年方少，心不能平，曰：「客知此間有一怪僧乎？」泰官曰：「不知。」主人怒少年以目，少年不為動，曰：「殺我可耳，終不能閼吾口。天下有如是之欺人孤兒寡婦者耶？」泰官知話益有因，躍起曰：「吾必能除此害，請詳語我。」少年曰：「月前來一西番僧，云自北京至此。或張大其詞，代皇子出家。顧淫惡甚，飲酒食肉而外，兼漁獵人家婦女，受其荼毒者屢矣。且更有惡性，好食人胎。凡婦女有孕者，彼必墮其胎，而共饔飧。此豈非天外惡魔耶？吾意天家當以公正為心，必不致養此害人之惡禿。不知何處野驢，冒名嚇人耳。」語未已，哭聲益厲。主人搖手曰：「勿語！勿語！恐彼已入室。設聞之，池魚之殃，其何能免？」時泰官足已及門，僅言「吾去也」，人已不見。蓋逾垣而過，小屋中燈火微明，一婦人裸置床上，彷彿有人力摩其腹，勢甚猛烈。視之，僧也。婦人痛極狂呼，慘不忍聽。泰官心急火起，飛足踢扉，扉破。僧見來勢頗洶洶，遂舍婦人而覓其軍械。未及取，泰官突以手提其腿，仆。更起欲遁，泰官已瞥眼睹其械，則鐵杖也，乘勢拾而猛擊之。僧負痛狂奔，出戶，為碌碡所躓，又仆於

九、魚殼別傳

《隨園筆記》及某野史載魚殼事，咸謂江南大盜，為於清端所擒戮而已。實則魚殼與雍邸有特別之關係，而於所戮者，非真魚殼也。初，康熙南巡，得奇士，力敵萬人，常以自衛，不肯道真姓名，但曰：「求皇上賜一名可耳。」聖祖以其來時所服魚皮衣，狀甚怪偉，因曰：「名汝魚殼何如？」曰：「甚善！名我固當。」於是魚殼之名，震於朝右。旋以太子有怯疾，聖祖特命魚殼保護之。魚殼遂為青宮黨魁，諸喇嘛皆側目。蓋太子喜近漢人，讀儒書，頗不以喇嘛為然。故喇嘛皆攜貳，傾向雍邸。魚殼因益見親信。顧魚殼性戇直，不信詭術，常以力折服喇嘛。諸喇嘛銜恨，則以術構陷之。魚殼恃有勇力，不之懼，然卒以此致敗。蓋雍邸初聞魚殼之能，欲羅致之，因使人誘之出。知魚殼嗜飲，乃為設醇醪精饌，令數雅量伴飲，而自出拜。與之語，大悅。魚殼亦以雍邸沈毅，才過於胤礽遠也。往來既稔，雍邸終未肯遽宣本意，因使人諷示之。魚殼殊不謂然，且曰：「今上開國主，凡有舉動，當為天下後世法，豈可妄議，搖動根本？太子，國之儲貳，宗社之根本也。設有變更，根本即受搖動，在今日似非所當議。鄙意吾儕當竭股肱之力，輔雍邸成賢王，仍可為國家建立偉績，奈何必以同室操戈，宮廷喋血為幸事耶？必如是者，竊不敢與慎勿張惶，為人屬耳目。且儲客嫌疑之地，設有人構之於上，保毋越位之嫌乎？鄙意不如斂抑以蓄其志，慎密以保其身。游刃於虛，無跡可尋。則上不見疑，下不見忌矣。」太子雖納其言，而好名過甚，似不願斂抑。魚殼曰：「然則殆矣。」遂欲求去。太子曰：「子毋躁，吾能漸改。」頃之，諸喇嘛之被擯者，群往助雍邸以構太子，危疑日甚一日。太子師傅某者，昏誕人也，勸太子用喇嘛以敵雍邸。太子初不信，忽宮中日夜大擾，云刺客時時來尋釁，人情洶懼，幾於夜不安枕。師傅進曰：「不用吾言，禍猶未艾。」太子急召魚殼與計事，魚殼曰：「德足勝妖，殿下但修德以鎮之。見怪不怪，其怪自敗。若果害殿下者，吾自能禦之。見其未也，少安毋躁。」太子之師傅某，以魚殼言為迂緩，乃使喇嘛等入宮偵察，且設壇禳之。魚殼視之曰：「噫！吾可去矣。苟遲之，行將供人魚肉。」乃棄裝乘夜出都門，僅留一柬以別太子。胤禛聞之，使力士追之，欲斃之於道。魚殼過鄴，為小販，雜乞兒中，歌《蓮花落》，卒脫去。太子見留柬，猶掉首曰：「吾以魚殼為英雄，今視其言，直皆老生常談耳。向吾悔信其說，致誤事機，否則何至坐使敵大哉！綿綿不絕，將尋斧柯。今日除此滋蔓良不易，皆魚殼養癰之過也。」師傅曰：「魚殼本大盜耳，其言安足信？本朝自有家法，奈何為盜所劫持哉？太子仁慈，聽彼自去。然使彼得於京外播宮庭之惡，非計也。法當誅之以滅謗。」太子乃入奏，請地方官吏捕魚殼。聖祖亦怒魚殼之逃也，徇太子請，召魚殼使來，而魚殼終不至。初，猶時見其蹤跡於光黃武漢間，尋入皖之巢湖、淮北之微山湖。胤禛乃使人求之，願釋前嫌以竟其用。魚殼謂使者曰：「歸語爾主，吾非干祿者流，可以利動也。爾主雖克成事，然不義而篡奪天位，非我思存。若

十、和珅軼事

（一）

乾隆盛時，以和相之招權納賄，致人民感生計艱難之苦痛，而教匪以起，清運遂衰，人咸知之。其賄額至以億兆計，可謂極矣。顧其貪婪之性，不獨施之於下，抑且敢試之於上，高宗竟不之問，養成此貪饕之性，良有由也。當其恃寵而驕，視宮禁之物，如取家珍，見所愛者，即攜之而去。高宗即知之，亦不根究。然諸臣咸知之，且嘉王銜之甚。及誅，諭旨中特提謂其私取大內寶物，蓋指實事也。初，孫文靖士毅者，自征越南還京，入宮朝覲，方待漏禁門下。適和珅亦至，文靖方手持一物把玩。珅前問曰：「公辛苦遠來，必有奇珍，足廣眼界。今手中所持者，果何物耶？」文靖曰：「鼻煙壺耳。」索視之，則明珠一顆，巨如雀卵，雕刻而成，不假他飾者也。珅且說且贊，不絕於口。文靖將取還，珅率然曰：「以此相惠，可乎？」文靖大窘曰：「昨已奏聞矣，少選即當呈進。公雖欲之，勢難兩全，奈何？」珅微哂曰：「相戲耳，何見小如是？」文靖謝之，亦無他言。又數日，復相遇於直廬。和欣欣有喜色，視文靖而笑。文靖以為和挾前嫌，笑不可測飲。一日又過之，則肆門半掩，內有哭聲。入覘之，則當壚女號咷不已，其傍則赫然老父之屍。蓋肆主死矣，家貧，幾無以為殮，故女哭之哀。老儒心惻然，出謂眾鄰曰：「此亦長者，奈何坐視其喪而不助？今吾願捐館穀金之半，以盡故人之誼，眾鄰其亦量力出資，可乎？」於是，眾見老儒好義，亦為之感動，不崇朝而殮資、葬費均足。且留有餘為女養贍之資，更囑鄉之長者，為女擇配以嫁之。蓋肆主鰥獨，僅此曙後星孤耳。既葬，老儒亦歸。明年，就館他邑，遂不復過其處，亦不復憶前事矣。又數年，偶失館家居。歲暮侘傺無聊，室人交謫，至憤懣不克容身，因避居友人家。忽家中遣急足至，云：「有貴官相召，國家大事不容緩，請主公速去。」老儒不得已，隨之歸，則邑宰及一顯者俱在堂上，且執禮恭甚。老儒大駭曰：「諸大人得毋誤耶？僕向無出鄉之譽，且親友中亦鮮厚祿者，安得勞二公枉駕？」邑宰曰：「非也。大使銜和相國命，特致敬盡禮，迎老先生往京師。此必中堂特達之知也。卑職敬效鞭弭之勞，敢不拜於堂下？」老儒謙不敢當，乃辭曰：「僕與和中堂素昧生平，豈敢謬膺上薦？」邑宰曰：「中堂自有特識，願老先生束裝就道，幸勿固辭。今特致中堂厚意，敬獻聘金千、贍家費五百、程儀三百。車馬已具，請老先生即日行。」老儒曰：「吾聞京師甚遠，去當以何日到？」邑宰曰：「杭至北京約三千餘里。此間已派員伴送，又兵役若干，保護至為周密。一切瑣事，先生可不勞過問也。」老儒曰：「容吾緩一日行，商定即復何如？」邑宰不得已，乃叮嚀相約而去。老儒以問妻，妻曰：「正患無以為生，老運至矣，奈何不往？」老儒乃北行入都。至則入相府，勢焰嚇奕，往來鮮衣俊僕如織，導者引坐聽事中，陳設雅麗，目所未經。聞僕者相傳語，皆言：「某夫人即出見，而不及相公。」老儒益疑駭：「彼相公禮賢，豈婦人為政耶？」有頃，僕入言某夫人至矣。果聞環佩聲自遠而近，香風拂處，一麗人招展入室，侍兒三五，挾紅氍毹敷地，倒身四拜，口稱義父。老儒瞠目不能語。麗人知其駭異，因婉語曰：「義父不憶某村酒家女耶？捐金葬父，感同刺骨。兒所以得有今日者，皆義父之賜也。特屈義父來此，稍酬舊日之恩。此間雖不能如義父意，尚可略盡心力。願義父勿棄。」老儒曰：「姑姑長成如此，老夫亦甚慰。當日葬若父，不過略盡綿力，亦復何恩？且老夫晚年頗好淡泊，厭棄紛華。姑姑意良厚，其如老夫福薄何？亦既來此，小住數日，即當返里。」麗人殷勤挽駕曰：「必相處數年，以盡報施之誼，幸勿固執。」老儒仍遜讓未允，麗人曰：「義父倦矣，姑嘗酒食，然後安眠，何如？」旋出酒饌極豐腆，麗人親執壺勸酹。酒罷，命侍兒二人敷寢具。老儒麾卻之，改命童僕。及明旦，僕傳命相公請燕見。老儒入，和相方倚繡囊坐，離席款接，禮數頗殷，老儒長揖而已。和相笑談甚洽，稱老儒為丈，問訊南中風俗，語多滑稽，老儒偃蹇，不甚致答。旋和命慕僚伴談宴，自起去。於是流連約旬餘，每朝及午，麗人必來問安否；及晚，則和相邀入清談。老儒戒麗人冰山不可恃，宜自為計。麗人拜受之，且言已有所蓄數千金，托老儒於南中購地築室，為菟裘計。老儒初不允，麗人泣曰：「義父忍令兒供人魚肉耶？」老儒乃勉受。麗人更於所托外厚贈之，和相別有所賜，極豐，先後計三萬金。老儒欲辭謝。麗人曰：「否！否！彼等視如土芥耳，不受則亦為僕役所乾沒。且義父取以施與貧窮者，受惠殊多，胡介介不為耶？」老儒乃歸。抵杭，偽言和相以重金托彼創慈善事業。乃集鄉之仁厚長者，規畫進行，為設養老院、育中饋遺之物不與焉。嘗有一家人某者，銜和相命，至杭購衣飾脂粉之屬，為群姬助妝。王聞之，出郊迎迓，設館於湖堧，窮極華美，雖星使賁臨，無其張惶也。家人聞蘇、杭多佳麗，諷王撫欲一擴眼界。王乃命人遍召五百里內之樂籍中人，萃為群花大會。即西湖上設宴，絲竹嗷嘈，燈光徹夜，並延縉紳人士，為之助興。清流自好者，掉首而唾，相戒不出清波門。比其去，眾清流約禊除雅集，作詩文為湖雪恥者三日。顧當時聲勢，傾動閭里，王撫實恬不知羞也。家人瀕去，乃取所最愛之一妓，及王撫借某紳家所用之陳設，席捲而行。王撫無如何，為之賞銀萬餘，先後所費幾五萬金矣。未幾，贓獄起，查封其產，殆百萬金。或曰：「王本富有，其中非盡貪囊也。」然因媚和故，並喪其固有之資。亦可謂隨珠彈雀，得不償失矣。

（四）

又有李國泰者，亦和黨，事略與王同，而贓額益可驚，蓋在千萬以上焉。先是，國泰本一巨腹賈子，生長金銀氣中，幾於一物不知。偶過維揚，跌宕於花酒叢中，揮金如土。忽有一客與之投契，朝夕過從。會漕督過揚，車騎甚盛。兩人縱觀之，國泰嘖嘖稱道，豔羨不已。客曰：「此何足異？十萬金即可購得耳。」國泰驚曰：「大官可購得乎？」客曰：「可！且區區能為君營幹。」國泰曰：「信乎？」客曰：「奈何不信？子第偕我往京師見一貴人，不出三月，位至道憲矣。」國泰鼓掌曰：「此亦大便宜事。願君勿相戲。」客誓以天日。國泰遂至家，取三十萬金輦而北，與客偕行。抵京，果相將入府第，拜謁相公。蓋客即和家人之弟，實私受委託，在外招徠者，而所見者確為和珅也。國泰猶恐受欺，客乃約置金某店中，得官後始約取，國泰唯唯。未幾，果以道憲發江南。國泰不諳官場儀注，幾至決裂。旋以和相私人，乃勉與以督糧遺缺。未幾，復以詿誤掛彈章，卒藉孔方之力和事，得以免議處分。和相知江南事繁，恐不相宜，乃調往山左。山左事簡，國泰亦漸嫻吏事，遂由糧道三載即至巡撫。是時，和相府中，內外俱受國泰賂遺，作宦三年，百萬之產垂垂盡矣。乃思大行敲剝，以賠償此損失。因是貪聲狼藉，和頗有所聞。御史摭拾入參章，語侵及和相。高宗使和自檢舉，和乃遣使覘國泰。且言能以百萬金入京，遍賂朝右者，得免職無罪，再圖後效。蓋試其家業之有無也。無何，國泰家內已告破產，而宦囊所獲，僅二十餘萬金。親友告貸及一切搜括，止得百萬之半。使者覆命，和知其已不濟，乃請旨查辦。於是國泰遂以查抄押比入獄矣。自知不免，乃仰藥於獄中。

十一、香廠驚豔

香廠在前清時為貴遊消遣之地。每遇時節，百貨駢羅，車馬雜遝，不啻今日之中央公園等處也。相傳拳亂以前，此區尤擅名勝，貴胄眷屬，輒倘徉流連其間；遊人平視，亦所不禁。嘉、道時，龔定庵與太清西林春之豔事，即發生於是處者。都門故老尚能言之鑿鑿。先是，定庵以奇才名噪輦下，所至爭為倒屣，而滿旗豪族稍知風雅者，無不欽慕延致。貝勒弈繪號大素，宗室榮恪郡王之子。好文學，延賓客，有八旗才子之目。少年豪貴，風致翩翩，曾管御書處及武英殿修書處事，以故目錄之學亦頗博洽。聞定庵名，延之上座。而貝勒有側福晉，才色雙絕。本漢人，顧姓，原籍吳門，以故婉妙清麗，在貴族中實罕儔者，貝勒嬖之甚。福晉死，遂不復立福晉，顧氏寵專房，名之曰「太清西林春」，常與貝勒並轡出遊，見者嘖嘖驚為神仙，定庵亦聞之熟矣。方貝勒之招致定庵也，正管理宗人府，乃立援以宗人府主事。定庵以位卑，頗怏怏，且憾不得見西林春，恒獨遊香廠，冀有所遇。一日，貝勒與西林春並遊香廠。定庵適先在，因起迎之。貝勒以定庵名士，待之不拘禮數，乃以紹介見西林春，並指定庵謂之曰：「此東南名士也。」西林春亦以禮答之，遂相與縱談，論詩詞，上下古今，清言娓娓，久之乃散。自是貝勒益親定庵，待以入

十二、禮部堂議和

英法聯軍攻入白河，焚燒圓明園，咸豐帝出狩熱河。斯時，清之宗社，蓋岌岌矣。當時不識外情者咸謂即不如遼、金之割據燕雲，亦必如宋、明之割地輸幣。斯時，恭親王為京都留守，召六部九卿大會議。惟某侍御稍知外情，抗言：「夷多以權利之得失為勝負。戰而勝，則負者、弱者倍償其軍費，即可議和，佔領之土地，不妨讓還。蓋其權利既獲，即戰事終結，不必割據其土地，臣妾其人民也。今與議和，但注意金額而已，其他可毋懼也。」大僚中或有以城下之盟為大辱，鼓吹國君死社稷，大夫死眾之義，必欲與洋人背城借一，雖亡國猶榮者。侍御面斥之，謂為：「彼一時，此一時，書生誤國，乃欲以君父為孤注耶！且京都破即國亡，此非大一統之義。今英、法夷遠涉重洋，其勢必不能守，其不覬覦我國土也甚明。今東南多故，國力疲敝，萬不可再構釁端，兵連禍結。宜速以賠償軍費歸束，然後徐圖自強之策。凡鼓吹復戰，執己見而不惜以國命為孤注者，可斬也。」一時恭親王為軍機領袖，兼和議大臣，乃獨主侍御議，飛報熱河行在，得旨以便宜行事，於是和約始開談判。先擬在先農壇，嗣某大臣以為夷人無信，當示之以禮，遂在禮部堂。是日、英人頗肯就緒，而巴夏禮崛強不遜，兩造幾致決裂。王大臣等欲退，巴夏禮等

十三、林夫人書

沈文肅公葆楨之夫人林氏，為文忠公則徐之女，英明有才幹，當世咸稱之。當文肅守廣信時，賊圍廣信急。文肅往河口籌餉，夫人困守危城，乃作書乞援於饒廷選。此書傳誦一時，茲錄其全稿云：

將軍漳江戰績，嘖嘖人口，里曲婦孺，莫不知有饒公矣，此將軍以援師得名於天下者也。此間太守聞吉安失守之信，預備城守，偕廉侍郎往河口籌餉招募。但為時已迫，恐招募無及；縱倉卒得募，恐反驅市人而使戰，尤所難也。頃來探報，知貴溪又於昨日不守，人心皇皇，吏民商賈遷徙一空，署中童僕紛紛告去。死守之義，不足以責此輩，只得聽之。氏則倚劍與井為命而已。太守明早歸郡，夫婦二人荷國厚恩，不得藉手以報，徒死負咎。將軍聞之，能無心惻乎？將軍以浙軍駐玉山，固浙防也。廣信為玉山屏障，賊得廣信，乘勝以抵玉山，孫吳不能為謀，賁育不能為守。衢嚴一帶，恐不可問。全廣信即以保玉山，不待智者而後辨之，浙大吏不能以越境咎將軍也。先宮保文忠公奉詔出師，中道齎志，至今以為

十四、圓明園修覆議

(一)

圓明園自雍正以迄於咸豐十年英法聯軍一炬之前，皆為每歲春秋駐蹕之所。蓋園中頤養適宜，且禮節稍疏闊，故歷葉帝王以為便也。惟承宣內閣諸臣奔走較勞。在專制時代，奉一姓之尊，分所宜爾，不敢言其不便；若為國事言，則勞精疲神於趨媚之地，其妨害孰有過於此者？園去城遠在四十里外，閣員奉事者夜半即起，乘騎達園，雞猶未鳴耳。閣臣省其事具奏，奉諭畢，閣員馳回城，日尚未午。每日如是，亦可謂不憚煩矣。而在天子則以園居為逸樂，較宮中迥異，至咸豐朝而尤甚。蓋文宗聲色之好，本突過前朝，感宮中不便，乃益園居。故事：恒至三、四月始蒞園，八月往木蘭秋狩，即行回宮。文宗則甫過新年即詔園居，秋狩後尚須返園，至十月始還宮，或竟不往秋狩，其好園居若此。後乃知其用意，固別有在也。初，文宗厭宮禁之嚴守祖制，不得縱情聲色，乃托言因疾頤養，多延園居時日，遍徵秀女之能漢語及知漢人俗尚衣飾者。得那拉后於桐陰深處，蓋后固能唱吳歈及習俗吳下衣飾者也。后父曾官廣東，又居蕪湖，以故知南中習尚。文宗寵之，旋生皇子。既而文宗意后終係滿人，不稱其意。某大臣陰察之，乃以重金購蘇浙妙麗女子數十人來京，欲致諸宮禁，大違祖制。時文宗適園居，大臣乃密奏其謀，托言天下多事，圓明園地在郊外，禁禦間徹夜宜加嚴密，內侍既不敷用，且親近左右恐不能周至。今雇民間婦女入內，以備打更，巡邏寢室四周，更番為役。文宗旨允之，此數十女子始得入內。每夕以三人輪直寢宮外，人執梆鈴一，入夜則於宮側擊之。文宗因召入，隨意幸焉。其後選尤佳麗稱旨者，加以位號，即世所稱四春者是也。四春既專寵，那拉后方居一家春，妒恨無所不至。顧卒以文宗不喜后，且無權，不能有所作為。但日夜伺上間隙，欲藉以傾四春而已。文宗春秋方富，遽遘疾不起，良有由也。

（二）

那拉后久居園中，且無寵，因日習書畫以自娛。故後能草書，又能畫蘭竹，皆此失寵時之成績也。后所居有綠天深處，景最幽秀，后甚愛之，常言他日吾必久居於此，以娛暮年。左右侍眾莫不知后之意也。顧切齒於四春，因帝寵無如何，乃取其失寵者，魚肉之以洩憤。有吳中女子不得幸，退居某內侍房。那拉后遊園，偶見之，斥為內侍匿小腳婦女，立命縛之，且命與內侍對縛。二人俱極口呼冤，言此皇上之命所許入者，今因退值，暫憩此房，二人並無感情，且不知女子姓名也。那拉后不允，強指為外間婦女闌入，有違禁令。時左右俱那拉后心腹，更無人傳達於帝處。那拉乃使其黨裸女子而撻之，醜辱萬狀，女子求死不得。既乃縛之於柱，以示大眾。復恐文宗駕至究問，旋命飲以冷水，遂絕，私掩埋之以滅跡焉。或有言於四春者，急使人救之，已無及矣。四春憾后甚，常短於文宗。文宗旋亦聞撻斃吳女事，因絕不過那拉處，以其有皇子故，未廢黜也。然常思為防範，以限制其權力。倉卒有英法之變，蒙塵北去。時方與四春行樂，驟聞變，體已羸憊不能興。某大臣強扶之入輿，一切未及籌備。那拉后知上幸熱河，追蹤而往。四春為其黨所扼，不及行也。文宗精神恍惚，加以驚恐，竟不能相顧，四春遂為亂兵所蹂躪矣。既至熱河，文宗已疾甚。那拉氏繼至，仍主內政，孝貞后但憂傷愁歎而已。外則端華、肅順等相謀，無一大臣能持正者。文宗時省人事，則問四春。左右以在道對，微頷之。既而與肅順言：「西宮狡惡，實不可恃。子當力輔東宮，勉襄嗣皇帝。庶幾危可復安也。」左右或有竊聞者，以告那拉后。后得預為之備。及上大漸，手書密詔，付孝貞后曰：「西宮援母以子貴之義，不得不並尊為后。然其人絕非可倚信者，即有大事，汝當專決。彼果安分無過，自當始終曲全恩禮；若其失行彰著，汝即可召集廷臣，將朕此旨宣示，立即賜死，以杜後患。」孝貞泣受之，然為人巽懦，實不能踐行也。而那拉后已微聞之。故當文宗大行時，事事不肯稍讓。且穆宗甫即位，即慫恿孝貞后垂簾聽政。一日，召見廷臣，微示以意。諸大臣相顧齶眙，不敢發一言。惟軍機大臣侍郎杜翰侃侃正色，歷引祖制母后不得干預政事以折之。那拉氏語塞，姑令退朝。肅順出，豎拇指語同列曰：「杜老三真是好漢，不愧文正之子。」蓋肅順意受之文宗，極不以垂簾為然也。於時廷論亦未嘗以垂簾為是，惜肅順輩不學無術，器小易盈，宮中方側目而視。而彼曹益驕蹇縱恣，遂益授反對者以口實。實則肅順輩謀國極忠，且杜絕苞苴，門無私函，漢員之獲重用，曾、胡諸人之得握兵且事釋之。穆宗曰：「朕此衣與載澂同色，爾乃不誡澂而諫朕，何也？爾姑退，朕有后命。」旋召大學士文祥入，且坐正殿曰：「朕有旨，勿展視，下與軍機公閱，速行之。」文祥知其怒，拆視，則殺王詔也。文祥碰頭者再三，請收回成命，穆宗終不懌。文祥退，乃叩太后宮，泣訴之，太后曰：「爾勿言，將詔與予。」殺王之事乃寢，而圓明園修覆議，亦因之暫擱。時穆宗好冶遊，耽嬉戲，與成人異趣。凡蹴踘、蹶張諸戲，無不習之。清制：宮中內監有職業服役外，如弄舟、演劇，舁輿等，悉內監為之。穆宗喜舞劇，尤喜摜交。摜交須身體靈活，年稍長輒不能，載淳親教小內監為之。初習時用板凳，小內監橫臥其上。上以手按其腹，俾圓轉如連環，體若稍僵，則用手強按之，死者比比。其精者則摜交能至數十度，錚然有聲而弗息。一時風尚，自梨園供奉，訖各行省，無不喜演劇、摜交，實自穆宗宮中始也。與貝勒載澂尤善，二人皆好著黑衣。倡寮酒館，暨攤肆之有女子者，遍遊之。後忽病發，實染梅毒，故死時頭髮盡落也。甲戌十二月初五夜，穆宗崩，召恭邸入內，時外間尚無知者，王入，侍衛及內監隨掩闕，越十數重。更入，則見陳屍寢宮，那拉后手秉燭，謂恭邸曰：「大事至此，奈何？」旋與恭邸議定，下手詔迎載湉入宮，載湉尚幼，在輿中猶酣睡也。翌晨，始告帝崩。相傳穆宗小殮時，侍者檢其懷紙中，尚有餘銀盈握，蓋微行時所零用未盡者。那拉后以穆宗疾事，遂久不注意圓明園事矣。及載湉立，復風內大臣議其費，群臣率以國庫空虛為諫。那拉后憤然曰：「吾獨不能積貲自為之歟？民家老寡婦猶能贊積遺產，修復舊業，獨我為國母，而不能使祖宗行樂地留貽子孫耶？」自是遂蓄意積鏹，而賄賂之門大啟矣。二十年間，計其總數，約得二百兆兩。然家次女曰蘭，不獨饒於色，且擅潘妃之步，實尤物也。而姐妹花凡四，苟羅而致之，大足為風流天子之溫柔鄉矣。」上挈崔行曰：「去！去！爾為嚮導可也。」崔曰：「當謀之。彼非賣淫家，幸勿造次。」於是崔乃挽某金店先通殷勤，托言某阿哥之意。張母聞之，知為貴族，極願攀附。時張下世未逾年，有子僅十齡，正藉此暗藏春色，以勾引青蚨。第自顧宦裔，不願揭假面具，高張幟豔而已。某夕，崔以布圍車載上出後門，竟趨城南。蓋青鳥使業已傳書，不患天臺無路。既至，堂上燃紅燭如臂，氍毹貼地，好花在瓶，陳設之雅麗整潔，較宮中別有風致，皆崔監所教也。金店本常與宮中廣儲司通往來，崔藉上旨，計備此一夕之費，約二萬金，張氏所獲者僅四分之一耳。文宗氣體兀傲，顧盼非凡。張氏雖不知其為帝王，而已料其必非等閒流輩。於是四女出而捧茶，環肥燕瘦，各臻其妙。上不覺目眩神迷，歡笑時作，漸失其珍重之度矣。已而瓊筵坐花，玉檀奏樂，天上人間，罕有此樂。是夕，上遂不復回宮，劇飲酩酊，玉山頓頹。四女扶之緩衣，忽露肘後璽印。眾咸駭異，初猶不辨為何物。崔聞之，亟馳入奪之。四女始大疑，必欲研訊其故。崔不肯言，女母嬲之，謂「苟不言，吾家實不敢留此客。」因東南軍興，京師禁令森嚴，不知來歷之客，往往貽禍故也。崔始洩其隱，叮嚀秘勿宣。母不覺吐舌，願守崔戒。旋語四女，四女亦驚喜各半，媚狎備至。上三日不返，緹騎偵知之，環牆外擊柝以護駕，諸近臣有馳至欲進諫者。崔乃力勸上歸，且曰：「上第返圓明園，奴婢於三日內必移植此姐妹花於園中。久留此恐有變，則事反難成矣。」上頷之，欲行，既而顧謂崔曰：「慎勿置園中，西宮妒甚，前日已有好人為所斃矣。」崔曰：「無害。奴才自有安插處，不勞聖上過慮也。」逾數日，上方玩四春既倦，獨宿綠天深處。崔忽掩入，小語曰：「姐妹花已移植禁近矣。」上狂喜，易衣，出園之左角門。門者睹之，咸吐舌相覷，不敢語。無何，崔導上過某僧寮，上不耐曰：「奈何至此？此非某王舍宅建剎之地耶！」崔曰：「然。正以古剎，故無人注意，且西后亦萬不能偵及也。」上亦以為然。曲折由禪房入，豁然開朗，有雕樑畫棟，曲廊洞房，如宮禁狀。上曰：「此間固有妙境耶，朕胡不知？」崔曰：「此本某王行樂地也，以無子而舍宅，陛下已知之，其內容則非陛下之所知也。」正語間，忽鸚鵡呼曰：「貴客來矣！貴客來矣！」珠簾微動，衣香細傳，婀娜而出者，則姐妹花四枝也。徐娘前導，尚有餘態，駢跽白玉階前，輕呼萬歲。上一一挽之起曰：「母子過勞，朕所不忍。幸此後永傍紅牆，天河不隔。朕之豔福，當亦爾母子之所願也。」母及姐妹花皆頓首謝，旋相攜入室，上見中有寶座，雕鏤絕工，顧問崔所自來。則曰：「此熱河行宮中物。奴才遣使往運，三日即至。上不憶前年與某郎同臥起事耶？即此寶榻上豔史也。」上大笑曰：「爾可謂小犬記十年事矣。」上以微行，多習井市語，往往脫口而出，與人平易無城府，對婦女尤簡率放誕，從無疾聲厲色。今於四姐妹花，常得君王帶笑看，更可為爾日詠矣。自是，杯傾蟻綠，燭剪蠟紅，子夜歌殘，家山曲破，此樂何極，不醉無歸。蓋一月得四十五日，人間天上，光景不同。近侍直廬，迄不知五雲深處，別參歡喜禪也。無何，軍事倥傯，邸報山積，皆待萬幾理判，苦不得翠華所在。或以語西后，西后恚曰：「吾乃獲此惡名，人必謂君王固好樂無荒也。」疾命駕往搜四春宮，則相率拒以不知。后不信，令人遍索之，果不獲，大受四春揶揄。益恚，乃廣召內監之有力者來前，猝然問曰：「誰導解果為何地，迎己何為，急欲詢己夫所在，導者終微笑不語。婦稍稍疑慮，舉頭見男子垂手侍立，羞暈於頰。頃之，二媼入室，款己就坐，室中陳設絕麗，檀几錦屏，珠簾繡柱，輒不能呼其名。躊躇忖度，無以自解，又不敢動問，悄然枯坐。二媼絮絮道短長，百無一答也。旋進果餌，二媼勸食至殷勤，婦不肯食。無何，內有呼聲甚厲，二媼噭然應，即半跪前請曰：「至尊召見，貴人可登輦矣。」婦不解所謂，且生平未受此殊禮，瞠目踟躇，盤辟移時。侍者促登輦，不得已，從之。輦舁以四人，上無帷蓋，婦覺滉漾如登雲霧。且左右多屬目，聞嘖嘖稱羨聲，更羞不敢仰。邐迤歷院數重，只覺如琳宮梵宇，金碧迷離，花木間之，參以亭謝，宛然仙境。再進則覆廟重簷，簾幕深邃，侍者鵷鷺成行，狀至嚴肅。婦既下輿，逡巡不敢進。二嫗促之，始低首含顰，稱促而行。甫入闥，遙見中設寶榻，榻上坐一王者，狀至倨貴，方欲瞻矚，侍者忽呼跪拜。婦至此猛省：己故有夫，無端逼予來此，必非佳話。挺然不肯屈膝，朗朗言曰：「妾自有夫，無故至此何為？幸賜明白，否則寧死不敢從命也。」上坐者笑曰：「小妮子倔強至是，可暫引入藏春塢中，朕自有處置。」侍者及二嫗遂引之下，婦猶嘵嘵不已。二嫗笑曰：「貴人胡不解事乃爾？頃實當今佛爺也，奈何抵抗無狀？」婦始知為帝，即頃來肆中者，故其貌似曾相識。因思：己夙以貞潔自守，今為帝王之威所劫，遂失其操行邪，抑別有術自全耶？既乃奮然曰：「吾必盡力抵禦，勿遺夫愧汗矣。」既入藏春塢中，帷帳几案，雅麗絕倫。婦方兀傲自喜，置不復顧。比晚，婦號泣欲歸，二嫗夾持之，不能自由。婦知不免，行且覓死，眾皆慰勸良久。一偉丈夫岸然入，即榻上人也。乃謂婦曰：「朕無他意，愛卿皓質，欲常常展視秀色，庶幾忘餐耳。」婦見帝意溫藹，不遽見逼，心志稍定，乃泫然答曰：「兒實羅敷，奈何無端見召？分判尊卑，禮分內外，萬不敢妄希榮寵。」帝噱然曰：「爾夫已得官，別置室矣，卿可安心居此。苟不見信，明日當召爾夫至，一證之。」婦終不懌。帝命酒共飲，婦不舉杯。帝笑曰：「是真強項令矣。」是夕，帝竟他幸，以婦屬二嫗。又數日，召婦夫入見，蓋已供鑾儀衛某職。婦相與欷歔，遂不復歸。及庚申之變，婦雜傭媼中遁出，竟輾轉覓得其夫，卒置產偕老焉。

（三）

文宗眷漢女，其目的所在，則裙下雙鉤是也。窅娘新月，潘妃蓮步，古今風流天子，如一轍哉。初，帝聞宇內纏足之俗，以揚州為最上選。乃私遣閹豎心腹來邗上，物色佳麗，因得最著豔名之小家碧玉，曰凌波，相傳即四春之一也。凌波之纖趺如削筍，至需人扶掖以行；腰支嫋嫋，本可作掌上舞，益以蓮鉤，每小步花間，偶一搖曳，輒如乘風飛去。帝絕寵之，西后妒之甚。凌波有潔癖，衣服器具，偶著塵垢污染，即便棄去；或玷及其體，則懊恨如中惡疾，至廢寢食。帝知其癖，而愛其嬌媚，輒優容之。西后偵知其可制，乃令人於所遊經過處，布穢物虱其足，凌波瞿然如中蛇蠍，每遇一次，必數日病，或因溝穢震顫，驟致傾僕，則悵恨欲覓死。西后聞之，乃大快。帝廉得其情，必盛怒，至戮內侍數人以謝凌波。然凌波益懼，泣求帝赦宥。後帝處分內監，不復令凌波知也。凌波有絕藝，能不操琵琶、胡琴之屬，以口代之，絲竹與肉並為一談，其音清脆可辨，不爽累黍，隔幕聽之，絕不敢斷其為手不操縵也。每當花間奏樂，帝輒呼贊不已，飲無算爵，沈醉始興。於是寵愛獨擅，有如專房。西后益大戚，念己雖習吳歈，以較凌波，獨小巫之見大巫也，愈思有以中傷之。凌波於夏暑時，好晨起，散髮棹小舟入池中，取荷盤上珠露吸飲之，以為清絕，可沁心脾，洗俗腸，進求仙人長生術亦易耳。諸內監俱知其有是癖，以訴於西后。西后夷然曰：「是可圖也。」乃密令人置毒荷盤上。凌波飲之，毒發立斃。帝悲悼不止，窮究置毒者，殺內監數十人。然皆冤死，主凶卒逍遙事外，以得西后之袒庇，莫敢奈何。

（四）

有老孝廉某者，春明報罷，侘傺無聊，方居逆旅中納悶。忽一人衣黃衫，策怒馬，率奴僕數人入門，勢洶洶問館主有無某先生其人。某先生者，孝廉姓也。館主款接以禮，報於孝廉。孝廉詢其狀，恐官事逮捕，疑駭不敢出。館主往返數四，始悉黃衫客慕名而來，絕無惡意，孝廉乃敢出。黃衫客致主人意，自言「為門客，主人有女公子，欲延師教授文書，束脩當不菲，幸先生毋辭。」孝廉詰主人何官，府第安在，黃衫客掉首曰：「先生去當自知，毋煩多述也。」因出金十笏，並聘書一紙。孝廉展視其書，則主人署名，僅作「養心齋」，絕無爵里姓氏，不覺疑駭。欲問，黃衫客若已知之，即曰：「請先生勿疑。第往，保無他虞。」孝廉尚猶豫，館主知其窮窘，乃於旁慫恿之。孝廉遂匆遽從黃衫客出門，則黑衛帷車已在門矣。既登，掩帷不可外視，歷途曲折，炊許始達，絕不辨所經何地也。下車視之，四圍殊荒僻，園門洞啟，花樹中隱現金碧樓臺，知為貴家，亦遂不疑。顧黃衫客，已不見，而閽者若預知孝廉之往，絕不問姓名，但導之使入。歷院數重，一男子似執事者，迎問曰：「某先生乎？」孝廉漫應之。男子即指一精舍相告曰：「主人事忙，不克躬迓，已為先生置下榻所矣。」孝廉心惡其嫚，而亦既來此，且獲瞰飯地，乃作苟安之計。須臾就食，飲饌頗豐。惟止此男子奔走應命，絕無來款洽者。孝廉念主人必倨貴，乃簡傲賓師至此，因絮絮詢男子以狀。男子支吾應之，云：「主人現出巡某省，府中止女流，故不能出款客。明日女公子行釋菜禮，幸先生善教之。」孝廉以與僕輩通殷勤，心殊怏怏。無何，至明日，女公子出拜，則二八麗姝也。操語乃吳音，孝廉益大疑。惟女絕慧，過目成誦，且穎悟解人意，孝廉亦樂之。顧時欲出遊及候女人，男子輒言：「此間去城市遠，輕易不辨途徑，不如不出。倘有所需，但下命，靡不立辦也。」孝廉故好靜，初不為意。久之，偶思訪友，惘惘出門，則皆荒塍蕪徑，迷不獲通，興盡而歸。男子候於門，謂之曰：「主人有命：先生苟欲出，非送以騾車不可。此間多盜賊不測，幸勿孟浪微行也。」孝廉唯唯。一日女適出應課，顏際酡然。孝廉詢何事，女慚不答。支吾間，忽呼腹痛，色頓變，始言：「主母賜酒，不知何故，覺中燒也。」頃之，痛益烈，男子大驚，旋呼一嫗入視。嫗貌猙獰，視狀，作駭絕態，搖手咋舌，囑眾勿聲，姑令舁女置他所。孝廉計女當係中毒，顧家庭骨肉何以有是？輾轉推度，如墮五里霧中。無何，報女慘斃矣。孝廉大駭，黃衫客倉皇入曰：「此間事大變，先生不宜久留，盍速行。」孝廉知有異，趨出門，則前之黑衛帷車，已候於途。黃衫客仍策蹇送之，抵逆旅，則已歷三月餘

十六、孝貞后

（一）

文宗正后鈕鈷祿氏，即世所稱東太后是也。性賢淑長厚，工文翰，嫻禮法，容色冠後宮。先為貴妃，穆揚阿之女早喪，後遂正位。顧文宗好聲色，後宮多以獻媚進，又嗜漢女，至私媾四春置圓明園中。西后那拉氏不謂然，時訴於后，欲激其怒，令助己。后獨從容閒雅，勸那拉氏忍悻悻。那拉氏內愧，而意甚恨之。孝貞以為那拉氏亦感化，不忍逆意之也，遇事仍與商榷。旋見文宗荒嬉廢政，婉諫之不聽，自知達心而懦，多言恐致禍，遂隱忍不言。及熱河之變，那拉氏以子貴，竟出其非常手筆，誅肅順、端華，排異己黨，而成垂簾之局，皆那拉氏為主謀，孝貞實無意於此。故穆宗御世，東后並尊，位雖在上，而無實權，幾如畫諾太守。孝貞時稱慈安太后，那拉氏稱慈禧太后。慈安事事退讓，慈禧因漸縱恣。慈安服御簡樸，一若寒素；而慈禧則奢靡成性，且喜服戲裝，嗜聽戲成癖。因而太監安得海等乘機攫財，慫為奸利，遂慫恿慈禧建造戲園，土木雕繪，窮極工巧。又廣徵南北諸名伶，排日演試。近今生榮死哀之大名譚叫天，即誕生於是時者也。安既以奢侈中慈禧意，權力漸次增長，顧尚礙於慈安之守正，不敢公然縱欲，言官亦彈劾屢起。慈禧雖惡之，而為名譽計，不得不敷衍嘉納，以掩飾慈安耳目。慈安所信任者，為恭親王奕訢。一日，恭王聞安得海等有濫竊貢物，為慈禧裁量戲服之舉動，以為大背祖法，密奏於慈安。為先發制人之計，乃下諭曰：

據御史賈鐸奏「風聞內務府有太監演戲，將庫存進貢緞匹裁作戲衣。每演一日，賞費幾至千金。請飭速行禁止，用以杜漸防微」等語。上年七月，因皇帝將次釋服，文宗顯皇帝梓宮尚未永遠奉安，曾特降諭旨，將一切應行慶典，酌議停止，所有升平署歲時照例供奉，俟山陵奉安後，候旨遵行，並將咸豐十年所傳之民籍人等，永遠裁革。原以皇帝沖齡踐阼，必宜絕戲渝之漸，戒奢侈之萌。乃本日據賈鐸奏稱「風聞太監演戲，費至千金，並有用庫存緞匹裁作戲衣」之事。覽奏實堪駭異。方今各省軍務未平，百姓瘡痍滿目，庫帑支絀，國用不充，先帝山陵未安，梓宮在殯，與言及此，隱痛實殷，又何至有該御史摺內所稱情事？況庫存銀緞，有數可稽，非奏准不能擅動。茲事可斷其必無，惟深宮耳目，恐難周知；外間傳聞，必非無自，難保無不肖太監人等，假名在外招搖，亦不可不防其漸。著總管內務府大臣等嚴密稽察。如果實有其事，即著從嚴究辦，毋得稍有瞻徇，致干咎戾。皇帝典學之餘，務當親近正人，講求治道。倘或左右近習，恣為娛耳悅目之事，冒貢非幾，所繫實非淺鮮。並著該大臣等隨時查察，責成總管太監認真嚴禁所屬。嗣後各處太監，如有似此肆意妄行，在外倚勢招搖等事，並著步軍統領衙門一體拿辦。總管太監不能舉發，定將該總管太監革退，從重治罪；若總管內務府大臣不加查察，別經發覺，必將該大臣等嚴加懲處。其各懍遵毋忽。此旨並著敬事房、內務府各錄一通。敬謹存記。

慈安之下此諭頗有回護慈禧之處，一則體面攸關，一則權勢旁落。既存顧忌之意，便不得不吞吐其詞也，而不知慈禧之銜慈安，於此益甚。

（二）

宮中相傳慈禧之怨慈安，實不始於垂簾時代。當文宗初幸慈禧之日，頗有惑溺之象。《長恨歌》中所謂「春宵苦短日高起，從此君王不早朝」者，彷彿似之。清宮故事，凡皇上宿某處，御某妃嬪，備有冊籍，報知皇后。皇后有權稽考，其不合格者，予以杖斥。而內監之承伺某處者，亦有權屆時於寢門外誦祖訓，皇帝必披衣起，跪而聽受，至命駕出朝乃止。一日，文宗正宿慈禧所，數日不坐朝。慈安稔其狀，乃頂祖訓至宮門正跪，命內監請帝起，敬聽祖訓。文宗驚跣而出，亟止之曰：「勿復爾爾，予即視朝。」輦既駕，匆遽間不及顧慈禧處分矣。及登殿，忽憶後有權杖斥事，乃頓足曰：「苟如是，蘭兒危矣。」蘭兒者，慈禧小名也。草草見諸臣已，即命駕還宮，亟問皇后所在。或對以坤寧宮，知事且變，蓋坤寧宮者，皇后行大賞罰之所也。文宗疾馳往，則慈安方正中坐，慈禧長跽於下。慈安正歷數其過，命杖將笞辱之。文宗大呼曰：「請皇后免責，蘭兒已有娠矣。」后聞之，瞿然下坐曰：「帝胡不早言？吾之杖伊，遵祖制也；受杖墮娠，失祖訓矣。皇上春秋雖盛，儲宮未備，吾安可守一訓而失列祖列宗萬世之遺意哉？」因涕泣久之，遂勿杖。自是慈禧嚴憚慈安，不復敢導上以縱欲，然銜恨實自此始。

（三）

同治八年，又有慈安與恭王協議懲辦安得海一事。初，安得海倚其勢焰，凌轢王公大臣，無所不至。朝臣皆側目，而恭王尤甚。會恭王請見慈禧，慈禧方與安得海談話，辭不見。恭王怒，退語所親，非殺安不足以對祖宗、振朝綱也。未幾，慈禧竟私命安往山東，將下江南，織辦龍衣錦段，沿途騷擾逼勒，有司不能禁。時山東巡撫丁寶楨頗骨鯁，以安冒太后名，侵官擾民，發憤欲誅之。知恭王與慈安能持正，乃密報恭王請訓。方丁摺文到京時，慈禧正觀劇取樂。恭王乃立請見慈安，擬定諭旨，慈安畫諾已，馳諭下山東，許丁寶楨速即就地正法，不必解京審訊。臨發時，慈安私語恭王曰：「此舉必得罪西太后，將來或甘心謀我，亦未可知。雖然，為國事計，不得不爾。」語次頗露懊喪之色，知平日之無可奈何於慈禧已久也。諭往，丁文誠即殺安。諭略謂：

據丁寶楨奏太監在外招搖煽惑一摺，德州知州趙新稟稱「七月間有安姓太監，乘坐太平船二隻，聲勢炫赫，自稱奉旨差遣，織辦龍衣。船上有日形三足烏旗一面，船旁有龍鳳旗幟，帶有男女多人，並有女樂，品竹調絲，兩岸觀者如堵。又稱本月二十一日係該太監生辰，中設龍衣，男女羅拜。該州正在訪拿間，船已揚帆南下。該撫已飭東昌、濟寧各府州飭屬跟蹤追捕」等語。覽奏深堪駭異，該太監擅自遠出，並有各種不法情事者，不從嚴懲辦，何以肅宮禁而儆效尤？著馬新貽、張之萬、丁昌日、丁寶楨迅速遴派幹員，於所屬地方，將六品藍翎安姓太監嚴密查拿。令隨從人等指證確實，毋庸審訊，即行就地正法，不准任其狡飾。如該太監聞風折回直境，即著曾國藩一體嚴拿正法。倘有疏縱，惟該督撫是問。其隨從人等，有跡近匪類者，並著嚴拿，分別懲辦，毋庸再行請旨。將此由六百里各密諭知之。

此諭既出，慈禧方酣嬉於戲劇，未之知也。故丁文誠得行其志，慈禧不及援阻。安誅後十日，慈安覆命恭王擬第二諭，曰：

本月初三日，丁寶楨奏：據德州知州趙新稟稱，有安姓太監乘坐大船，捏稱欽差，織辦龍衣，船旁插有龍鳳旗幟，攜帶男女多人，沿途招搖煽惑，居民驚駭等情。當經諭令直隸、山東、江蘇各督撫派員查拿，即行正法。茲據丁寶楨奏，已於泰安縣地方將該犯安得海拿獲，遵旨正當。其隨從人等，本日已諭令丁寶楨分別嚴行懲辦。我朝家法相承，整飭宦寺，有犯必懲，綱紀至嚴，每遇有在外招搖生事者，無不立治其罪，乃該太監安得海，竟敢如此膽大妄為，種種不法，實屬罪有應得。經此次嚴懲後，各太監自當益知儆懼。仍著總管內務府大臣嚴飭總管太監等，嗣後務將所管太監嚴加約束，俾各勤慎當差。如有不安本分，出外滋事者，除將本犯照例治罪外，定將該管太監一併懲辦。並通諭直省各督撫嚴飭所屬，遇有太監冒稱奉差等事，無論已未犯法，立即鎖拿，奏明懲治，毋稍寬縱。

西后既睹此諭，雖亦無可奈何，而慈安之不敢斥言慈禧之過，婉曲規避，煞費苦心。然可知其仁而不武、大權旁落之漸，可為寒心也。慈禧果老羞成怒，竟提出質問以向慈安，以為不與己商，未免輕視，大有悻悻之態。慈安非特不能侃侃與辨，且驚懼不勝，至謝以事係恭王所主持而後已。懦哉，慈安！然而小人之心，遇讓則奪，彼退則此進。昔日之待慈安謙而有禮者，今則攘臂摘權，絕不愧怍。以為彼既自開先例，我更無容多讓。自是厥後，慈安拱手就範，不敢與爭，且生命亦寄於彼人之手，恭王更惴惴，不復敢為慈安畫一策矣。未幾而有同治帝崩，慈禧專擅，立弈譞之子載湉為光緒帝事。

(四)

同治帝以遊冶致疾，遂夭其年。時皇后雖有孕，尚無他皇嗣。兩宮皇太后議立新帝於養心殿，王公大臣宗室等咸在。慈安本屬意恭王之子，欲於會議發表己意，然訥於口，期期未可也。慈禧即儳言曰：「皇后雖已有孕，不知何日誕生。皇位不能久懸，宜即議立嗣君。」恭王抗聲曰：「皇后誕生期當不久，應暫秘不發喪。如生皇子，自當嗣立；如生女，議立新帝未晚也。」眾似贊同此議，慈禧曰：「不可。今南方未靖，中朝無主，何以安鎮人心？國本動搖，良非細故。」軍機大臣皆稱是。慈安至此，始不得不言，乃曰：「據我之意，恭王之子可以承襲大統。」恭王聞之，叩首言不敢。慈安簡單之詞氣，遂為所沮。在恭王謙退不敢，而慈安又久懾於慈禧，一語才發，其氣頓餒。慈禧目無全牛，知此事可以力取，方顧問宗室載淇。慈安乘勢又言曰：「依承襲之正序，應立溥倫為大行皇帝之嗣子。」溥倫者，載淇之子也，載淇亦叩首言不敢。慈禧正色曰：「姑舍是，爾為弈譞後，乃繼塚嗣者，於前史有此例乎？」恭王沈吟曰：「明之英宗為然。」慈禧本熟於史事，乃曰：「此例不祥。英宗之立，乃孫妃欺主之行為。且英宗在位時，國家不寧，曾為蒙古軍隊所執。其後回國，國中已立其弟。經歷八年，乃更奪之。」語次，轉謂慈安曰：「據我之意，當立弈譞之子載湉。宜速斷，不可延誤。」慈安默然，意似不可，而難於啟齒。恭王獨勃然作色曰：「立長一節，獨可岸然不顧耶？」慈禧曰：「苟不決，可以投名之法定之。」慈安亦頷之，絕無異言。於是各拈鬮入一小甎中，及揭曉，則醇王等投溥倫，有三人投恭王之子，其餘皆如慈禧意。蓋慈禧逆知其黨必占優勝，事前早有預備，臨時故示人以公允耳，慈安猶以為天意也。

(五)

慈禧既立光緒帝，權力浸熾，馴至公然與諸伶談宴，恬不為怪，惟尚不敢使慈安知。旋嬰疾不視朝，歷久未痊。慈安念其有決擇才，輒往就商，且藉存問以聯絡情誼。一日尚早，慈安駕忽至，侍禦皆出不意，未及報知，慈安亦搖手，禁勿聲。蓋體恤病者，恐其驚擾也。將履寢室，簾幕沉沉，似聞氣息如乳腥，亦不之辨。既入，慈禧橫臥榻上，一男子似伶人服裝者，為之撫膚捶腰，意甚狎褻。慈安本不易怒，至是目睹怪現狀，不覺氣憤填膺，勃不可遏，立斥內監曳伶人出，厲聲數慈禧之罪，且曰：「吾受先皇帝遺詔，本應翦除，顧念爾才堪臂助，且情如姊妹，何忍下此辣手？今爾乃不恤人言至此耶？不速改，吾終不能以私情廢公義。」語未畢，慈禧涕泗交頤，長跽乞命，慈安亦涕泣良久。慈禧矢言改悔，苟萌故態，願膏斧鉞。慈安以為懇摯，反勸慰之，立命賜伶人死。伶人者，金姓，後於慈禧沒後，其家人始敢洩其詳也。相傳慈禧久病，實係生育血崩，醫治均罔效，後得吉林省所貢人參數枝，鉅如嬰孩者，煎湯服之，始奏霍然。而金伶之案，實發於其將痊時也。自是慈安以為慈禧必感予之不殺，改過自新，且可熱心助予治理；而慈禧則以為彼乃發我之覆若此，我不先聲奪人，制其死命，後此尚有我自由地步耶，於是極惡至慘之劇出矣。先是，慈安喜小食，常以點心盒自隨，覺饑則任意取食，其間糕餅、餑餑、寒具之屬罔不備。慈禧窺之稔，乃乘間言有膳夫能製小食，頗極精緻，願獻薄物，求太后鑒賞。慈安以為愛己，喜而受之。既食，適值召見軍機之期，遂出坐朝。是時光緒辛亥春三月十日也，進見者為樞府王大臣恭親王奕訢、大學士左宗棠、尚書王文韶、協辦大學士李鴻藻等。俱言確見慈安御容和怡，無嬰疾色，但兩頰微赤，狀如半醺，亦不以為異也。軍機諸臣退，已午後四鐘，內廷忽傳孝貞太后崩，命樞府諸人速進議，諸大臣驚駭欲絕。

十七、閻文介方正

同治間，鄙中嘖嘖道閻文介軼事，謂近世強項者流，無出其右。嗣有友人某述其詳，則執法不阿，使官文恭為之屈膝者也。先是，胡文忠既薨，官文恭為總督，新繁嚴渭春中丞樹森，繼文忠為巡撫。嚴公原籍渭南，盩厔李午山宗燾知武昌府，皆文介鄉人也。夙知文介嚴峻，咸敬畏之。而官闒茸素著，且多嗜好，惟尚知畏憚正人，不敢自恣耳。故事：兩司必兼督撫總營務處銜，故能節制諸將領。某弁者，文恭之孌童也。文恭寵之甚，令帶衛隊，且保其秩至副將，某居之不疑，赫然大將威風矣。平時無所不為，視兩司蔑如也。一日，帥親兵數人，闖城外居民家，姦其處女。女哭詈不從，某以刀環筑殺之而逸。其父母入城呼冤，府縣皆莫敢誰何。文介聞之，震怒，立上謁督署，索某弁懲治。某弁知文介夙有鐵面名，必無邀赦之希望也，先入督署，求救於文恭，文恭匿之。有頃，文介晉謁，文恭辭以疾。文介稱有要事，必欲面陳，如中堂不可以風，即臥室就見亦無妨。閻者出，固拒之。文介曰：「然則中堂病必有痊時，俟其痊，必當傳見，吾久居此以待可耳。」命從者自輿中以襆被出，曰：「吾即以司道官廳為藩司行署矣。」凡臥起於官廳者三日夜。文恭囑司道勸之歸署。必不可。文恭始大窘，以嚴、李俱文介同鄉，急命材官延

十八、四春瑣譚

（一）

文宗漁色於圓明園一隅，暗藏春色，謂之四春，世競傳之，中惟牡丹春為最豔媚。春本蘇人小家碧玉也。山塘月滿，獨佔風流，豔名噪里巷，紈綺子無不垂涎。旋有廣陵鹽商某者，因事來吳門，見春豔之，介蜂媒蝶使，得暗探驪珠，揮霍不下數千金矣。滿擬金屋藏嬌，載之返綠楊城郭。女母聞鹽商豪富，所索金意未慊，否則須與偕行，倚錢樹子為養老計。鹽商惡其願太奢，置不理。而某部郎適銜使命蒞蘇，已取某內監密囑，物行吳門佳麗。偶見春於虎邱，詫曰：「此奇貨也。」輾轉探得鹽商與女母交涉狀，乃使媒媼謂之曰：「京中有貴人納妾，鉅資所不惜。苟允諾，保汝老嫗吃著不盡也。」女母意動，女似不願。嗣為媒媼甘言慫恿，竟獲首肯，乃載與俱北。既抵京，入一府第，僕從喧赫，錦衣玉食，無所事事，且不睹所謂主人者，只見姊妹行四五人，衣服容貌，與己相類。心大異之，疑為勾欄，顧不令應客，益不可解。居月餘，忽諸僕傳令倉皇，云送諸美人入園矣。車馬喧闐，相送俱去，惘惘不知所往。及屆，則池館清幽，水木明瑟，一巨麗之園亭也。無何，主翁命入拜，科頭箕踞，狀至倨傲。僕輩衣冠亦異常人，稱主人為「佛爺」，諸女始覺有異。及歸房櫳，殊無婢嫗，往來奔走者悉係奇服之僕輩。私詢之，始知主翁實當今之第一人也。諸女或以為大戚，蓋習聞入宮者不能復出，非特父母親屬，不獲臨存；即偶欲自由問候舊人，及外出遊散，俱在禁止之列。因竊竊議欲私遁，然園以外之天地，目所未經，修路漫漫，去將安之？不得不望而生怯。中有廣陵女子，韶年稚齒，頗跳蕩自喜，鬱鬱居此，不慣束縛，乃欲嘗試其捲逃之小技。因賄內侍輩求導引，乘夜欲遁去。內侍偽應之，飛報於西后。蓋西后本不慊此等漢女，方日偵其釁，以為排斥之地。得此消息大喜，立遣侍衛追緝之。不三小時，如虎捕羊，招罥而至，西后立命絞死。文宗聞之，欲馳救，業已無及。自是諸女膽裂，無敢作越步想者。牡丹春最慧黠，乃謂諸女曰：「吾輩服裝有特別辨認，故一出門，不復可掩飾。今與諸姊妹約，悉改服旗裝，佛爺雖不喜，然偶一為之，亦可博其歡心。此後時時試服之，則左右不疑，一旦有變，吾輩服此出園，與他宮人廝混，則追者難於別認矣。」諸女聞之，疑信參半。牡丹春則毅然行其計，文宗見之，果不甚悅。蓋文宗本以厭滿喜漢，故羅致吳下群娃為娛目計。牡丹春獨觸其忌，遂致失寵。西后聞之，以為牡丹春有心向化，頗懈其伺察；且知失寵，益心喜。無頃，英法聯軍變起，牡丹春因賄通內侍，先獲確耗。乃改服裝，雜西后宮女中出，竟得脫歸吳下，嫁一士人為妻。

（二）

海棠春乃大同一女伶，名玉喜，常演劇於津門，工青衣，尤擅閨貼，且能琵琶、羌笛，捧場者咸屬王孫貴胄，其父師寶若連城，雖萬金不與易也。每一登場，莫不嘖嘖慕色藝，月金之昂，占津門第一。有士人某者，頗風流自賞，驟睹之，不覺色授魂與，因日坐前席以覘聲容，風雨寒暑無間。年餘，家已落，夷然不顧也。士人固美姿容，善修飾，玉喜常見其獨坐諦聽，心竊異之，既而無日不然。會天暑，入座者稍稀，士人巍然無倦容。玉喜翩然下，殷勤獻茶，問姓名。士人大驚。蓋此係伶人待熟魏之禮也。玉喜告以己之居址，邀客過從。士人驟膺寵遇，感激不知所云。四座皆屬耳目，疑士人為豪客，因玉喜於平時不甚肯應客也。語既畢，玉喜翩然出。士人惘惘如有所失，念己日措觀劇，資已將告竭，為親友揶揄。今入彼室，雖不揮霍，亦應花費，阿堵物將何所出？然念美人厚意不可負，拼孤注一擲，以償金諾。遂解所服紗袍入質庫，得金數餅入囊中，而易以葛衣。既往，玉喜歡迎備至。諸侍婢咸愕然，蓋訝士人既係生張，兼之服御甚樸也。玉喜笑語同人曰：「此南中名士，某大老猶敬禮之，吾儕敢不喜其蒞止耶？」遂命酒宴之，殷勤酬勸，笑語甚密。士人踧踖不安，玉喜慰解之曰：「自妾見君占前席，幾年餘矣。雖未通辭，音容實已甚稔，吾兩人所謂神交也。君固多情，妾亦非不能解事者。宜及閒暇，盡此一夕之歡。君客中岑寂，即時時過我一談，未嘗不於君有裨。君以為何如？」士人曰：「崇拜仙儀，有如饑渴。『此曲只應天上有，人間能得幾回聞。』此徒誇夫藝耳。若卿則更擅仙姿，絕非凡體，鯫生何福，得親芳澤。前此抱願彌奢，豈敢唐突？今蒙不棄，辱承招致，此實天假之緣，意外之遇也。鯫生有神魂顛倒而已，自慚形穢，何以克當？願卿自重。」玉喜正色曰：「是何言歟？相君丰采，豈長貧賤者。況奇才養晦，識者自知，孰謂我輩中遂無眼法耶？彼齷齪紈絝，雖炫多金，吾視之猶傀儡。君勿過謙，妾一歌場賤物耳。君他日貴，視妾何足齒數？但願一念風塵中尚有此傷心人耳。」語次，若有淚痕。士人亦淒然起謝。宴罷，士人探囊欲犒侍者，玉喜遽起止之曰：「勿爾。妾已代辦久矣。」且攬袪附耳曰：「妾頃見君服紗袍，得毋易金耶？為妾故，致勞心計，視妾何如人？後勿復爾。」士人唯唯。獻茶果已，又復縱談。士人欲辭去，玉喜殊戀戀，既而妨於侍婢，乃囑：「明日有事，後日晚間必來，勿勞久盼也！」士人諾之。將出，玉喜以一物私置懷中，珍重而別。歸展見之，黃金重十笏也。自是士人每往，玉喜必有所贈。士人不肯受，玉喜曰：「子獨無挹注法乎？」士人悟，乃即以其金為犒資，夜度者屢矣，侍婢以為豪。積金日多，玉喜促士人為脫籍計。士人恐大婦不容，欲為別營金屋，思獲一部差，方可措辦。忽某內侍攜巨金至津，啖其母與師云：「某貴人府特選，重聘所勿惜。」母遽許之。遂入圓明園，曰「海棠春」。玉喜終思士人不置，年餘，鬱鬱致疾，玉損香銷，未及遘焚園之慘也。

(三)

某大僚有婢饒於姿，肌膚瑩澤如羊脂玉，頰暈朝霞，天然嫵媚。某大僚涎之久，欲又不敢不往也。惟杏花春始終未嘗為所摧折，偶有訶責，一二語即解。蓋杏花春媚態天然，不假修飾，凡見者皆覺心花怒放，雖憤恨正盛，無不一見即消。而文宗之嬖杏花春，更有不可以言語形容者。故醉後雖鬱怒欲發，杏花春綽約而前，上必狎抱之曰：「此朕如意珠也。」其或偶加以暗嗚叱吒，杏花春卻行惴顫，狀至可憐，雖不啟齒，上必反語曰：「個妮子膽怯哉，生小殆未經風雨也。」以故凡遇上醉，諸姬必膜拜頂禮，咸求杏花春為代表，蘄免譴責。眾皆稱杏花春為「歡喜佛」，或云「劉海喜」，杏花春亦不以為忤也。性柔婉篤順，上下無不憐愛，雖西后極妒，亦云：「我見猶憐，無可奈何。」顧有一癖，則愛財如命。平居設一撲滿，凡賜金錢，必藏弆之，既入即不令復出，雖誘引逼迫，俱可置之不理。上知其如此，珍賞常過於他人，而杏花春輒自言貧甚。人或知其機密，反唇相稽，則曰：「是區區者，何足言財，聊備遊戲耳。他日苟有進，不使睹金玉滿堂不止。」其貪如此。每遇人淑慎無所爭，及計較錙銖，必悻悻然見於詞色。人以故銜之，致相竊議曰：「聞彼為婢子，誠哉，其婢子也。」惜秉慧美之質，而習俗所移，雖至貪極鄙而不惜，殆所見者小，而又加以不學歟。每遇上醉，眾挽為代表，彼必需索賄金，不滿欲壑，則且遲遲不肯應召。至事急，仍必如其所索以償之而後已。見者既慣，必摒擋一切速償之，知與斤斤無幸也。西后知其有守錢虜癖，而窺其囊頗富，乃嗾他姬誘與六博。杏花春不知其詐，昕夕從事，興高采烈。初多博進，迨其終局，則負籌累累，居然垂千金矣。意大窘，聲言：「力不能支，吾不認博負。」正擾攘間，帝駕適來，問所以，曰：「杏花春之負金，朕應為之償，毋喧聒也。」眾見上已任此，遂不敢有言，杏花春意張甚。此後凡有博負，輒故故不償以待上命；博進則囊之去。眾故候上醉時向索，欲以激上怒。抑知上反斥諸姬之不應力索，不責杏花春也。杏花春所積，不下十餘萬金。嘗托心腹內侍挽其主母代為存貯取息。又恐乾沒，乃聲言必立券契。主母以為不信己，頗憤懟，不願為之經理。杏花春知不合理，乃出千金為壽。主母益怒曰：「吾非貪得無厭者，奈何以此相嘗試耶？」後杏花春卒為其子說項，得一郎官始已。及焚園之變，杏花春以金多，為西后侍者所垂涎，竟戕之而奪其所有。

（五）

車駕出宣武門，偶過某橋下，遙瞻浣衣女子甚麗，以詰內監。內監乃遣人四出偵之，知為某孀婦女，曰：「是易圖也。」乃齎金往說之。孀婦拒之曰：「妾不願金，且吾女羅敷也。貴人亦知禮，安能逼良為賤？」內監怒曰：「爾一婦人，乃斗膽若此，獨敢抗天子之命耶？」婦色然曰：「妾知誰為天子？妾知守禮與信而已。既自有夫，誰可奪者？速去！毋溷我。」內監嗤之以鼻曰：「行見不出十小時，立破爾家。」孀婦方欲有言，女遽止之曰：「胡為以唇舌賈禍？」孀婦始默然，內監亦去。女謂孀母曰：「彼必復來，兒不避，恐陷於不測之禍，不如往姨家暫居。」母亦謂然。迨晚，數內監洶洶入，破扉折櫺，備極兇悍，勢在得女，則挾與俱去。無何，終不可得，乃牽孀婦行，將押其母以易女。孀婦號泣以從，市人咸酸鼻。女聞之，欲出救母，姨曰：「否！否！是自羅於網也。彼等但恫喝術耳，必不敢誰何汝母。吾以為乘此時招汝婿來，既成婚，偕往求釋母，則官中人亦當論情，法決不能強離人夫婦也。」女然其議。亟囑媒氏往告婿，則南遊未歸，且罔識其蹤跡所在，意大沮喪。而內侍哄然曰相逼，勢無術可以解免。女憤欲覓死，姨氏恐禍及己，乃紿之曰：「此間風聲漸惡，彼輩探知吾匿汝，滅門之禍即在旦夕。若汝以自殺了事，是更葬送吾一家也。吾意汝不如姑往某尼庵中，作帶髮優婆夷。內侍雖悍，豈能強奪方外人？而吾亦得脫去干係，寧不大佳？」女尋思無計，勉從其議，即往西山某尼庵受戒，曰：「薄命如此，恐終無破鏡重圓之日。不如長齋繡佛，以了餘生。」遂毅然祝髮，作比邱尼妝矣。蓋數日前有人傳說，婿已在南省遇匪，為匪所戕。道路為兵燹所梗，雖不能必其確否，然可決其北來無期也。女既居尼庵，殊亦無苦。一日，有高軒駟馬過門，云貴人蒞止。諸尼俱披袈裟出迎，女獨以耽靜不出。無何，貴人入，翠華招展，知為至尊。諸尼伏地呼佛爺，女自簾隙窺之，身顫欲仆。忽上有所見，乃曰：「簾中有人影，何也」內侍應聲牽女出。女心急足違，淚下如雨。上諦視之曰：「此尼非個中人，似曾相識。且綺年玉貌，何苦而甘岑寂耶？」女言：「夫流落南中，生死未卜，母為官事所羈。自知命薄，願事梵修，不願問人間繁華事也。」上笑曰：「以子才貌，豈老於空門者？」顧命內侍以輿來，舁此女尼入園，安置某殿，善視之，勿令有所苦。諸內侍唯唯，女號泣不從。上自撫慰之，且言：「爾姑往彼。苟有志，決不相強。」既而女至園中，仍矢志不肯應上命。每上臨幸，輒跪地不復起。上賜以「陀羅春」之名。然終梵園之日，凡八月餘，上率未一幸也。事亟，女投池死。

不過一妃，其升為太后，乃在咸豐帝賓天之後。既為妃嬪，則祭祀時依禮宜居旁稍下，而已左次尊貴之位，則應虛之，以處已死之中宮。蓋中宮雖先帝而薨，其名位則為帝之正后也。慈禧艴然不允，謂己既並坐垂簾，母儀天下已久，而又辱以妃嬪之位，殊非情禮之正；且知此事為恭王所主張，堅不肯讓，其後卒照慈禧之意而行。然在慈禧終不滿意，以為當祖宗陵寢之地，稠人廣眾之前，無端爭執，既不大雅，更屬褻尊，因愈不悅東宮，且有去恭王之意。其二則光緒七年訶斥李蓮英之事。初，慈禧寵信李蓮英甚至，使為總管太監。李漸驕橫，惟慈禧之言是聽。外此則恣睢暴戾，莫敢誰何。久之，並侵及慈安，慈安積不能平。一日，慈安輦過某殿，蓮英方與諸小黃門臂鷹角力。慈安行已近，置若罔聞。及慈安呼使來，蓮英方瞿然跪安，然色亦驕泰，絕無儆懼意。慈安竟面斥其妄，語甚激切，蓮英始謝罪。慈安欲杖責之，左右為之緩頰始止。蓋左右亦知投鼠忌器，恐觸慈禧之怒也。慈安益憤懣，顧謂近侍曰：「二百年祖訓安在？竟敗於豎子之手耶？是不可不以爭。」乃立命往慈禧所，正色數之曰：「李蓮英一內豎耳，縱有才，亦宜顧祖宗法度，稍示限制，奈何聽其無禮？且彼固事西后，若其職分，是東西宮自當一律敬畏。今其心目中止有西后，竟不知有東后，設其位更有亞於東后者，則所受揶揄，又將如何？且宮中業如是，若出對大臣亦復驕橫不法，尚復成何國體？」又曰：「外間稱李蓮英至有『九千歲』之名。內監如是，殷鑒不遠明末之魏忠賢，亦復何以異是？」慈禧曰：「李蓮英一奴才耳。太后欲捽而去之，如刲羊豕，在我亦安能庇護？外間謠傳，安可盡信？太后倘不憤，欲如何則如何耳，奈何無故責人？」慈安曰：「奴才者，西后之奴才，他人安得干預？爾既安之，在我亦何必嘵嘵？但西后盛名為一豎子所敗，不禁深為扼腕耳。」慈禧知其怒甚，遂拂袖他顧，慈安亦振衣遽去。不數日，即有慈安暴崩之事。

（二）

東西兩宮之齟齬，更有關於榮祿進退事者，亦一要案，且趣聞也。先是，慈禧之用榮祿，以排擯載垣、端、肅之陰謀，深資臂助。慈禧亦最信任榮之忠悃，令其總管內務府，出入掖庭，如家人子禮。同治帝既大行，后殉節以終，而妃嬪尚有存者。一曰懿妃，年僅逾笄，貌極妍美，常供奉西太后宮，給事左右。榮祿與太后語機密，輒至夜分；或太后方偃息，則懿妃為之傳遞消息，以是極稔。榮為人便給儇巧，善伺人意。懿妃有疑難事，必就與商榷。以故極為相得，居恒往來帷闥，坐談笑語，了無所忌。慈禧雖知之，以兩人同為己之心腹，不過問也。慈安有族侄女曰七格格者，亦常在宮中奔走隨侍，貌美性慧。時至慈禧所，慈禧亦愛之。一日，偶銜慈安命，至慈禧處索某督章奏，值慈禧晝寢，乃退入懿妃室，謀所以通報者。足甫及閾，侍者止之。知有異，急止足佇立窗外，聞男子笑語聲甚褻。有傾，侍者始延入。懿妃顏頳神亂，大異曩昔。七格格故與密譚，良久不去。且夙知榮常在懿所，乃故餂之曰：「妹有事欲懇榮爺，惜今日不相晤，何機緣之慳也？」懿恐其詐，亂以他語。七格格念不止，懿曰：「彼在太后所，招之來可耳，復何難哉？」七格格故作昵態以懇之，旋侍者果偕榮入。七格格亦稔榮，乃東鱗西爪以示意。榮不覺技癢，醜態盡露。良久，七格格始奉慈禧命召入。致命畢，乃復奏曰：「頃至懿所，本求代達，忽值榮爺在彼，殊羞啟齒。侍者罔不笑兒怯，實兒不慣見此事也。」慈禧色然駭曰：「榮在彼何為？乃曖昧若此？」七格格佯低鬟不語，若甚羞慚不可說者。慈禧頷之，七格格遂辭出。慈禧立召榮、懿入，數之曰：「子二人恃吾優容，遂不避嫌疑若此。今為東宮所知，明日必有章奏，吾不復能庇二人矣，盍速自謀？無待刑法之及身也。」二人碰頭，汗出如沈，求佛爺恩恕，慈禧曰：「東宮日伺吾隙，惟恐不及，幼帝亦將持我短長。今日之事，爾輩不謹如此，明日若無言者，吾尚聽之，後當炯戒；設有言者，吾身無完膚，豈能庇爾輩耶？」榮與懿始謝恩，退俟命。無何，早朝罷，慈禧召榮至，擲一摺示之。則帝師翁同龢歷述慈禧侈靡，並袒護私親，且及榮懿嫌疑事，請明正典刑。慈禧厲聲曰：「何如？爾輩不謹，牽率老夫矣。」榮伏地請罪，慈禧怒未已，宮婢報懿妃已自盡。慈禧曰：「也管不得。」立命褫榮祿職，交部議處。部臣仰體慈禧意，僅予「永不敘用」字樣。榮祿遂投閒散，為七年之久。慈禧念心腹隔絕，常懷憤懣，以禍由慈安，故銜恨益深。其後慈安崩，卒起用榮祿，且越加寵任。懿妃亦復封號，以為昭雪也。翁師傅以戊戌新政之變被黜。

（三）

慈安崩，慈禧恐人以暴疾疑己，乃命擬懇摯之遺詔，以掩飾耳目。文曰：

予以薄德，祇承文宗顯皇帝冊命，備位宮壼。迨穆宗毅皇帝寅紹丕基，孝思肫篤，承歡奉養，必敬必誠。今皇帝入纘大統，視膳問安，秉性誠孝。且自御極以來，典學維勤，克懋敬德，予心彌深欣慰。雖當時事多艱，旰宵勤政，然幸體氣素稱強健，或冀克享遐齡，得資頤養。本月初九，偶染微疴，皇帝侍藥問安，祈予速痊。不意初十日病勢陡重，延至戌時，神忽漸散，遂至彌留，年四十有五。母儀尊養，垂二十年。屢逢慶典，迭惡徽稱，夫復何憾？第念皇帝遭茲大故，自極哀傷。惟人主一身，關係天下，務當勉節哀思，一以國事為重，以仰慰慈禧端佑康頤昭豫莊誠皇太后教育之心。中外文武，恪供厥職，共襄郅治，予靈爽實與嘉之。其喪服酌遵舊典，皇帝持服二十七日而除。大祀固不可疏，群祀亦不可輟。再予以儉約樸素為宮闈先，一切事關典禮，固不容矯從抑損。至於飾終遺物，有可從儉約者，務惜物力，即所以副予之素願也。故茲詔諭，其各遵行。

（四）

慈禧於王大臣中所最忌者為恭王奕訢，以其位尊權重，而黨於慈安，時與已齮齕故也。然以其在軍機久，諳練持重，絕鮮失敗之故，不得不含忍以伺其釁。及中法之戰，議和失策，慈禧即藉是以逐恭王。會有言官諫慈禧之失德及濫費，慈禧疑即恭王使之，於是毅然決然，下諭逐恭王矣。其諭文吞吐抑揚，始終不著痕跡。清代詔諭，雖多詞意不相副之慣例，而此諭為尤甚。蓋慈禧一生，善施此等伎倆也。諭略云：

現值國家元氣未充，時艱猶鉅，政多叢脞，民未敉安，內外事務，必須得人而理，而軍機處實為內外用人行政之樞紐。恭親王奕訢等，始尚小心匡弼，繼則委蛇保榮。近年爵祿日崇，因循日甚。每於朝廷振作求治之意，謬執成見，不肯實力奉行。屢經言者論列，或目為壅蔽，或劾其委靡，或謂簠簋不飭，或謂昧於知人。本朝家法綦嚴，若謂其如前代之竊權亂政，不惟居心所不敢實，亦法律所不容。只以上數端貽誤已非淺鮮，若仍不改圖，專務姑息，何以仰副列聖之偉業貽謀？將來皇帝親政，又安能臻諸上理？若竟照彈章一一宣示，即不能覆議親貴，亦不能曲全耆舊，是豈朝廷寬大之政所忍為哉？言念及此，良用惻然。恭親王奕訢，大學士寶鋆，入直雖久，責備宜嚴，姑念一係多病，一係年老，茲特錄其前勞，全其末路。奕訢著加恩仍留世襲罔替親王，賞食親王全俸，開去一切差使，並撤去恩加雙俸，家居養疾，寶鋆著原品休致。協辦大學士吏部尚書李鴻藻，內庭當差有年，只為囿於才識，遂致辦事竭蹶。兵部尚書景濂，只能循分供職，經濟非其所長。均著開去一切差使，降二級調用。工部尚書翁同龢，甫直樞廷，適當多事，惟既別無建白，亦有應得之咎，著加恩革職留任，仍在毓慶宮行走，以示區別。朝廷於該王大臣之居心，默察已久，知其決難振作，誠恐貽誤愈重，是以曲示衿全，以輕予譴。初不因尋常一眚之微，小臣一疏之劾，遽將親藩大臣投閒降級也。嗣後內外臣工，務當痛戒因循，各攄忠悃，建言者秉公獻替，務期遠大。朝廷但察其心，不責其跡，苟於國事有裨，無不虛衷容納。倘有門戶之弊，標榜之風，假公濟私，傾軋攻訐，甚至品行卑鄙，為人驅使，就中受賄，當必立抉其隱，按法懲治不貸。將此通諭知之。

後段文字，驟觀之殊與本題無涉，幾於不知所云，而不知其實為言官切諫，疑有主使而發也。

（五）

慈禧操縱大臣，善用其門戶水火，兩相仇隙，而己得於其間實施作用，其最著者，即孫毓汶與翁同龢之齟齬是也。翁為光緒帝師傅，然太后實不喜之，孫毓汶又為光緒帝所不喜。孫與李高陽比，時帝年已長，太后恐其親政，己權即被奪，陰使人聳孫言宜以醇王入軍機，名為引用帝父，實則藉以分帝權也。翁黨不然其議，慈禧獨下諭，謂：「軍機處遇有緊要事件，著會同醇親王奕訢商辦，俟皇帝親政後，再降懿旨。」於是翁黨譁然，謂此諭不但破壞成法，使帝父為行政上實際之首領，且與光緒元年為同治帝立嗣之舉，恐致動搖。帝或因是尊父以皇帝之號，而同治之統，全然斷絕矣。於是有盛昱者直言極諫，大旨謂：

軍機處為政務總匯之區，不徒任勞，抑且致怨。醇親王怡志林泉，迭更歲月，驟膺煩劇，或非涵養所宜。況乎綜繁跡之交，則悔尤易集，操進退之權，則怨讟易生。在醇親王公忠體國，何恤人言？而仰度慈懷，當又不忍使之蒙議。伏讀仁宗睿皇帝聖訓：「本朝自設立軍機處以來，向無諸王在軍機處行走者。正月初間，因事務繁劇，是以暫令成親王永瑆入直辦事。但究與國家定制未符，成親王永瑆，著不必在軍機上行走等因，欽此。」誠以親王爵秩較崇，有功而賞，賞無可加；有過而罰，罰所不忍。優以恩禮而不授以事權。聖謨深遠，萬世永遵。恭親王參贊密勿，本屬權宜。況醇親王又非恭親王之比也。

云云。詞旨極為懇切，而錫鈞、趙爾巽等亦有諍諫。太后皆不從，乃用孫、李等之主張，亦即排擯翁黨之一策也。慈禧降諭，謂：

本日據左庶子盛昱、右庶子錫鈞、御史趙爾巽等奏，親王不宜參預軍機事務各一摺，並據盛昱奏稱嘉慶四年仁宗睿皇帝聖訓：本朝自設立軍機處以來，向無諸王在軍機處行走等因，欽此。聖謨深遠，永宜永遵。惟自垂簾以來，揆度時勢，不能不用親藩進參機務，此不得已之深衷，當為在廷諸臣所共諒。本月十四日，諭令醇親王弈訢與諸軍機會商事件，本為軍機辦理緊要事件而言，並非尋常諸事，概令與聞，亦斷不能另派差遣。醇親王弈訢再四推辭，碰頭懇請，當經曲加獎勵，並諭候皇帝親政後，再降懿旨，始暫時奉命。此中委曲，爾諸臣能盡知者？

至軍機處政事，委任樞臣，不准推諉，希圖卸肩，以專責成。經此次剴切曉諭，在廷諸臣，自當仰體上意，毋得多瀆。盛昱等所奏，應毋庸議。

味此諭旨，措詞堅決，且斥諸臣不解上意，固執成見。自古拒諫之悍猛，未有若是者也。慈禧之恃才妄作，捍然怙過不悛，排斥異己，不恤人言，於此可以概見，而翁黨亦由此浸敗。

（六）

慈禧又嘗致疑奕譞，有為極瑣碎之軼事，足以表見其猜忌之深者。初，慈禧與奕譞福晉為女昆弟。慈禧之始，文宗嘗有鉤弋之語。奕譞與文宗最友善，竭力和解之，慈禧得不死，故親厚獨至。同治帝既崩，慈禧乃立奕譞子載湉以報之。然其後載湉不能得慈禧歡，遂漸啟猜忌。始疑奕譞夫婦之教唆，因諭左右：「非奉特詔，不得令奕譞夫婦與光緒帝一面。」奕譞福晉常飲泣痛恨，悔其子之為帝也。載湉數載無嗣，群小覬覦，肆為離間。或有以望氣術進者，言醇邸有古柏，長幹被蔭數畝，森然見王氣，當更有天子出，慈禧甚注意焉。一日，輕減騶從，過其邸，奕譞倉皇出迓。慈禧突問：「爾宅有老柏，長幹被蔭數畝，信乎？」奕譞曰：「信。」慈禧命導至樹下，徘徊瞻眺，良久始去。越數日，復至，亦如之。旋語奕譞曰：「吾擬於園中構巨殿，中樑無佳樹。此柏修直，可數丈，用以為樑，誠美選矣。」奕譞驚怛，欲以祖澤留貽為請，而知慈禧之喜怒不常，違之且有變，乃不得已，叩首言曰：「惟太后命。」於是慈禧大喜，立命鳩工伐其樹。弈譞為置酒，張具樹下，以觀其竣工。鋸未半，樹忽崩仆，中有飛蛇數十頭，騰躍而出。其一頭落太后前，太后大驚，幾仆於座。左右強扶之，良久始色和，而蛇亦不復見矣。乃罷酒，乘輿還宮。因感疾，數日不視朝。弈譞亦因驚成疾，直督李文忠薦某醫往視，弈譞弗令診脈，謂醫曰：「君歸寄語少荃，予病勿起矣。太后顧念予甚，日倩御醫診視數次，藥餌醫單，悉自內廷頒出。予無延醫權，而病日深。」旋泫然問曰：「有壯盛男子，多所娶而不育者，此曷故？」醫驚問：「為誰？」弈譞於枕畔微豎巨擘曰：「今上。」於是知載湉永無嗣續，其痼疾信矣。弈譞病，慈禧往視，必攜載湉與俱，暮則攜之偕返。載湉歸，必怒甚，杖內監無算，擊碎宮中器皿幾罄。人多議載湉染狂疾，不知實有以致之。乃慈禧以術激之，且賄醫使進痿弱劑，處心積慮，欲絕其嗣以為快也。

（七）

光緒帝既失歡於慈禧，其後乃愈引愈烈，衝突之事，不一而足，雖瑣屑細故，亦必反對而後快。戊子歲，上隨慈禧謁東陵，見牧羊，愛其肥白，問近侍何物，始知為羊。命購數十頭蓄宮中，內監為之芻牧。顧羊群好齧百卉，宮園不可容也。上問何地為宜，或獻策云：「天壇草肥地曠，可供牧羊。」上然之。司壇官某郎中，不知其奉詔也，沮不能入。內監怒，立批其頰。郎中欲往訴，而探知確為帝意，無可辨，然不勝其辱，遂自盡而死。事聞於慈禧，慈禧怒，命亟逐羊而重譴內監。帝欲庇之，不能得，憤甚。慈禧喜畜犬，盧令重環，毛色各備，約數百頭，咸有名可呼，馴擾猙獰，悉聽指揮。有內監飼之，閉置園中。上往見之，大恨曰：「不許牧羊，而獨畜犬，何耶？」自啟門放其犬，一時俱盡。慈禧詢之，內監以上對。慈禧知其意，乃譴其內監數十人以報之，然銜恨益深矣。一日，頤和園有慶典，張燈置酒，燈彩玲瓏精巧，為江南所製。上過其下，諦視徘徊不能去。內監以白慈禧，慈禧曰：「彼殆愛此，盍撤之以懸帝宮？」內監果以燈往，帝夷然曰：「朕視太后之華飾，炫人目精斯已耳。若朕此間，則無需此。天下方洶洶多事，豈朕華飾之日耶？」內監歸以告慈禧，慈禧曰：「此所謂養虎自貽患也。」又一日，帝朝慈禧，所著貂冠有敝痕。慈禧善修飾，衣履無不精美，其視人亦然。故見帝之敝冠，心殊不怪，乃命侍者檢佳者，請帝易之。帝乃顧侍者，責斥之曰：「朕冠本新，汝輩不慎，乃致有此敝痕，速為朕覓舊者補成之。朕意如此，不勞重易也。」時宮中無舊貂，轉乞諸世續家，始得之。慈禧雖賜佳者，弗用也。慈禧后知之，銜恨冷笑而已。隆裕后者，桂祥女、慈禧侄也。帝以對慈禧故，弗與善。桂祥好與諸市賈為友，凡宮中有興築，桂祥輒代關說，取其資。曾有木商囑桂祥運動售木，約值數萬金。桂祥即以干隆裕。隆裕知帝意疏己，恐不可進言，乃轉以托瑾妃。以瑾妃係姊妹行，且於帝意較密也。瑾妃因承后旨，言於上。時值甲午新潰敗，帝方憂甚，乃怒詈曰：「朕常教爾勿與外通，而乃為木商關說。國家存亡未卜，爾奚效村婦喋喋為？后則昏昏如夢囈，而爾亦復如是。爾不改，朕亦不復能顧爾。爾寄語後，慎勿倚重太后，謂朕不能誰何也。」隆裕聞之，懼甚，泣訴於慈禧。慈禧曰：「竟蔑視至此耶？吾終不令彼行其志。」自是見上，色益厲。

黴毒上發也。恭王既禁載澂，乃入諫帝，藉圓明園事以諷。帝曰：「爾熟祖訓，於朕事尚有所說乎？」王曰：「帝所服衣，即非祖制也。」因誡勿微行，歷引史事遇險以為證。帝怒曰：「朕此衣與載澂同色，爾不誡澂而諫朕，何也？」恭王歷陳責禁載澂於家，且及病發垂斃事。帝曰：「爾乃致死載澂耶？何無父子情也？爾姑退，朕有后命。」旋召大學士文祥至，帝坐正殿，見之曰：「朕有旨，勿先行展視。下與軍機公閱，速行之。」文祥知其怒，私行拆視，則殺恭王詔也。文祥復入，碰頭再三請，帝終不懌。文祥退，疾叩太后宮，泣訴之。太后曰：「爾勿言，將詔與予。」殺王之事乃寢。帝既失載澂，冶游已成習慣，不能自制。恒挈內監一二人，出神武門，繞道往宣南，或至深夜不歸。一日，自後門出，道旁有售涼粉者，覺口渴，輒飲之，不給值。售者見其豪邁，意必內廷供奉子弟，亦不敢索值也。帝雖時時微行，然終不解購物給值等瑣事，自是飲而不給值者屢矣。偶見他人有給值者，帝怪而問之。售者曰：「吾恃此衣食，奈何不受值？因爺非他人比，故俟異日總賞耳。」帝色然曰：「若然，則吾逋汝值夥矣。吾當賞汝，惜吾囊中無金。吾書一帖付汝，煩汝持以往取，可乎？」售者曰：「此當然事耳，奈何不可？」帝欣然索筆書一帖，擲與之。售者不識字，以問友。友駭曰：「帖上所書，乃飭廣儲司付銀五百兩也。廣儲司在皇帝宮中，誰敢飭付？此飲涼粉者，殆必今上也。」售者亦大驚，不敢入宮取銀。友慫恿之，乃始往一試。司事官問來歷，售者俱以對。司事官亟馳往白太后，太后曰：「此誠胡鬧矣。雖然，安可失信於外間？即照帖付銀也可。」旋召帝入詢，帝直認不諱。慈禧笑置之，蓋欲己有權，不復計帝之失德否耳。及甲戌十二月，帝崩，慈禧召恭王入宮鋒鏑。每一念及，憫悼何窮。前因念士卒臨陣之苦，特頒發內帑三百萬金，俾資飽騰。茲者慶辰將居，予亦何心侈耳目之觀，受台萊之祝耶？所有慶辰典禮，著仍在宮中舉行。其頤和園受賀事宜，即行停辦。欽此。朕仰承懿旨，孺懷實有未安。再三籲請，未蒙慈允。敬維盛德所關，不敢不仰遵慈意。

云云。自是頤和園為之黯然減色，而海軍之劣點亦大顯於世。

（十）

戊戌政變之事，為慈禧第二次垂簾之機會。初，帝欲實行改革新政，與康有為等密謀去太后，殺榮祿，而以袁世凱為心腹。及密旨下，袁入見請訓，帝御乾清宮正大光明殿以臨之，屏左右侍從，極為慎密。殿中黑暗深邃異常，時方黎明，不甚辨色。帝以極低微之聲音，告袁以機密謀畫。謂袁即日往津，於督署內出旨殺榮祿，隨率新軍星夜入都，圍執太后。並付以小箭一支，為執行帝諭之據。又付以密諭，謂辦理欽差事竣，即任袁為直督，來京陛見。袁唯唯退朝，即乘第一次火車出京。此時太后由頤和園移居西苑，晨八時來宮祀蠶神，帝方往瀛秀跪接，太后故絕不知其事也。袁到津，即將帝密諭盡語榮，而已留津以觀其變。榮即乘專車至京，乃下午五時也，直入西苑。榮出入掖庭久，肆行無阻。既見太后，即直前牽衣跽，泣呼救命。太后問所以，乃以帝密謀告，且出手諭示之。太后聞之，乃曰：「吾亦疑此數日上之神態不寧，今果爾邪？」立傳其黨慶王、許應騤等入見。既布帝之密謀，令諸人商議辦法。諸人乃言：「請太后重執朝政，以救中國，勿受用夏變夷之害。」當即定計，凡禁城中侍衛，悉以榮祿之兵代之，命榮祿仍回天津候命。及明晨甫曙，帝甫出中和殿，即有侍衛太監稱奉太后之命，引入西苑內之瀛臺，即今新華門內南海子中一小島，而光緒帝后此欽禁於中者也。太監告帝以太后即來，實則前後以兵圍守，不復令出，而太后垂簾復政之諭下矣。文曰：

現在國事艱難，庶務待理。朕勤勞宵旰，日綜萬機，兢業之餘，時虞叢脞。恭溯同治年間以來，慈禧端佑康頤昭豫莊誠壽恭欽獻崇熙皇太后兩次垂簾聽政，辦理朝政，宏濟時艱，無不盡美盡善。因念宗社為重，再三籲懇慈恩訓政。仰蒙俯如所請，此乃天下臣民之福。由今日始，在便殿辦事。本月初八日，朕率諸王大臣在勤政殿行禮，一切應行禮儀，著各該衙門敬謹豫備。

諭既下，太后至瀛臺視帝，李蓮英隨之。太后厲聲言：「赦帝一命，隨時仍許留位。但此後嚴密防守，一言一動，不准自由妄作。」又言：「變法維新，本所應許。但不料昏昧糊塗，膽大妄為，一至於此。」又問：「爾五歲時接入宮中，立為帝，撫養成人，以至歸政，無非恩典，何所負於汝？至倒行逆施若此？大底汝命甚苦，不能享受此尊位，聽人唆弄，如木偶然。今天祚我清，危機早露。俾餘得出而轉禍為福，親黨重臣無一人向汝者，現皆請予訓政。爾若自悔，尚得苟延殘喘，否則予亦不能庇爾。須知獨夫之患，眾

二十、熱河行宮歡喜佛

（一）

曩遊雍和宮，見所謂歡喜佛者，裝塑亦不甚精緻，但取其猙獰淫惡，表示野蠻宗教之態度而已。識者或言，此密宗之一派，美婦人皆係妖魔變用，其青面獠牙者，則佛祖之幻影，故作此狀，欲以戰勝妖魔而已。然德足勝妖，古今中外一理，無所謂以妖制妖而能必勝者也。況身犯淫惡，而足以清淫惡之源乎？其說似不可通。惟佛宗勘破三界，別具慧眼，我不入地獄，誰入地獄，此亦殆演入地獄之一部份乎？要之，入世人眼中，殊不雅觀。今歸蒙藏院管理，乃以黃緞袱圍像之下體，不復示世人以色相。然要求一覘廬山面目者，乃至行賄求請，亦所不惜。孽哉，管理之惡作劇也。客語予曰：「今熱河行宮內，儲存此等法相頗多，大都分為三種，一塑像，二畫像，三繡像是也。而塑像較此間為精緻，皆係赤銅為質，外冪藏金，其體幹亦較為高大，形式大略相等。惟縱橫交媾狀，益復離奇醜惡而已。其中入觀者頗少，現亦開放，但遊人到彼無多，當然不能與京師比也。塑像自為一殿，其後尚有秘殿一所，則更雍和宮內所無。而其怪醜，殆不可思議矣。殿古而邃，頗黑暗沈悶，中設寶座，玉軸牙簷，備極雕琢，殆不似近代物。上塑一偉男子像，絕不類佛祖，乃貂冠錦袍，頂有東珠，確係清代帝王服飾。面色蒼白，鬑鬑有鬚，狀至威猛。而其下橫陳者，乃一美婦人，亦係滿蒙服飾，絕類外蒙旗活佛之妃嬪，俗所稱菩薩狀。為態乃極淫媚，衣服皆虛掩其體，苟微揭之，當知濯濯者本一絲不掛也。惟外有欄楣，禁令森嚴，入觀者不得舉手，且不令近前平視，是以《秘戲圖》之黑幕，終古無人揭破。聞每嗣主於大婚前來此展謁，管理大臣始特一揭示，俾知男女居室之道。然則此亦為祖訓留遺之一歟？或云偉男子係康熙帝像，或云乾隆帝，未知孰是，要之為清帝遺像無疑也。此真歡喜佛之變相矣。」

（二）

畫像尤為奇妙。聞雍、乾起所繪，積至數千軸，今則遺失散佚，或為監守自盜者所取，殆不及數百幅矣。其間名手法繪甚夥，如郎世寧等不一其選，滿蒙人之能繪事者，幾無不備。當時於山莊中設一館，專延畫工入內供奉。凡模範名勝外，即以此等歡喜佛像為常課。相傳滿蒙畫工繪像時，皆頂禮膜拜，虔誠誦佛號，故設色鮮明，而天顏視之輒喜。漢畫工獨不信此，隨意摹繪，及事畢視之，輒有一二漫漶劣點，雖修改不能盡善，進呈御覽，恒受申斥。其有願者，仿滿、蒙畫工法為之，則得褒獎。此亦至奇不可解之事也，豈果佛祖有靈耶？又漢畫工某者，平日喜放言高論，心惡喇嘛所為，謂：「飲酒、食肉、娶婦，既無異與常人，則何佛祖之有？今既畫歡喜佛，吾意不如竟供《秘戲圖》，較為直截了當也。」於是，人畫猙獰怪惡者，彼獨畫美男子如優伶孌童狀，且顯然作雙人像不復遮掩。圖成，上覽之，猶贊其筆法之工秀，殊不之罪。而蒙畫工某者，酷信紅教，以為彼敢破壞宗風，有意欺侮皇上，大不敬。且所繪女像，可酷似某妃也。某妃者，乾隆帝寵妃，意頗珍秘，聞某畫工言，諦審之，意良是。不覺大疑，謂漢畫工有意諷己，怒，召而詰之。畫工岸然曰：「佛法空明，無遮無礙，非我非人，何須驚怪。皇上何所見之小耶？」帝以其言戇切放誕，無人臣禮，遂殺之。然尚存其畫，猶藏內府云。又傳有此畫數十幅，別築一殿懸之，乃係歷代活佛所畫。活佛非皆擅丹青術者，則仍延名手為之，署活佛名而已。此畫多不拘成法，隨活佛意旨為之。或兇惡慘酷，或美麗悅懌，一室中嬉笑怒罵，無奇不有，誠大觀也。管理人嫺掌故者，則為人娓娓道活佛軼事。謂活佛作此畫時必先坐床數日，屏絕一切事務。前面設有素壁，活佛面壁凝神。三日後，活佛似有作為，以指向空摹畫，壁上即隱隱有人物現出。過七日而影跡愈顯，凡面目、衣褶、神態，無不流露，遂其意之所欲，縱橫顛倒，無一不備。即倩名手入，依壁上跡象摹之，而畫成矣。以進呈大清皇帝，即熱河秘殿所供者也，今亦不存全豹。

（三）

繡佛一種，與畫像相類，但大抵出於滿蒙男子，與漢人南方女子之善刺繡者不同。予嘗入武英殿陳列所中，見繡像數幅，光怪陸離。初不知其係何故事，及既遊雍和宮，始恍然，即歡喜佛像也。第其形態亦微與雍和宮塑像不同。或云，此即熱河行宮所藏者，與其塑像相類。蓋武英所陳古物，本來自熱河，良不誣也。某君語予一趣聞，根於此繡佛而發生者。有滿人某娶蒙旗某札薩克女為婦。結歡之夕，婦妝遺頗多，箱篋殆數十事。其中有一金漆圖繪之小篋，珍重特置，異於常品，以為必奇寶也。某睹婦貌既佳，奩財尤富，不禁雀躍，而對於此珍重之小篋，更為注意。既三日，欲即啟視。婦曰：「不可，此活佛所贈也。伊固囑百日後始得啟視，早啟之不祥。」某不敢違婦意，姑唯唯而罷。然疑活佛固得人佈施，富於金錢，此係贈奩之物，未必遂係重寶，何惡作劇若是？顧蒙俗女流，信活佛甚至，違之恐傷感情，不如含忍以待。又數日，偶與婦談活佛狀，婦口講指畫，敷陳活佛狀貌甚悉。某曰：「胡子言活佛之詳，殆素稔耶？」婦已被酒，乃言：「我親得活佛降福傳道，寧有不稔？」某時於蒙俗固已有所聞，知活佛輒留人家閨女傳道，藉事漁色，穢跡累累，而習俗所趨，牢不可破，非一朝一夕之事也，已婦業已不貞，無可諱飾，今竟自道其隱，尚復何說，乃佯作不解曰：「降福傳道耶？此係何謂？手續如何？」婦知失言，乃急掩飾曰：「彼諷經時，以偈語授我而已。」某哂曰：「所授偈語，吾知之。」婦曰：「奈何？」某曰：「肉身供佈施，如是復如是。降福一點紅，傳道因歡喜。然耶否耶？」婦知不可掩飾，乃曰：「君既知之，胡復嘔我？蒙俗以是為榮，非我一人之私言也。」某掉首不語，乃立起，取小篋在手曰：「今日可破此悶葫蘆矣。」婦亦不拒，即啟其鑰，乃彩繡一幅也。男子作佛裝，狀態頗獰惡，下有女子作迎合狀。審視之，不覺大怒，盡裂其繡抵於地，片片如蛺蝶紛飛。蓋女子即已婦面目也，眉眼畢肖，栩栩欲生。婦乃號泣而起曰：「奴死矣。不情至此，無術可以解免。」乃趨赴池邊。家人爭持之，勸慰

二十一、瑪噶喇廟

(一)

睿親王多爾袞以驕貴跋扈致敗，削爵仆碑，視同叛逆，改其居邸為喇嘛廟，名曰「瑪噶喇廟」，今在南池子內者是也。多爾袞美豐裁，善騎射，順治太后絕愛之，致有下嫁之故事。太后嘗謂：「此美男子態度，不可不傳於後世。」乃命巧工為塑像，終不克神似。後遍徵天下名畫家為之繪像，亦多不洽意。會有西洋巧工來中華，自云能以魚皮造人，面目無不酷肖。多爾袞使試為之，果栩栩欲活。以示太后，太后亦讚賞不置，乃命各造兩具，為正副，意一存宮中，一存睿邸。及敗，順治帝不忍毀太后像，康熙帝始毀之，宮中遂無跡象。而其存睿邸者，其初為某王所匿，得不毀，後入瑪噶喇廟中，為乾隆帝所見，乃命毀之。有喇嘛某者，慨然曰：「此絕技也，奈何毀焉？」乃易以偽者，而挈真者遁往外蒙。復數十年，始由某孫徒某國師攜至京師，矜奇炫異，人爭睹之。然止有多爾袞像，而太后像卒不可得矣。及英法聯軍之役，法軍頗遊行街市，搜羅古物。偶入廟，見皮人，詫曰：「此數百年前荷蘭人手技也，今世已罕見，得非寶耶？」遂攫之去。後喇嘛某，欲藉此炫人，乃取其祖師所仿製之一具置秘室，以為奇珍。實則係蒙人以麻皮、羊皮雜製之，粗劣已甚，絕非原物。而世以其點綴古跡，亦良佳，遂保存之。

（二）

當慈禧垂簾之際，心念睿親王之丰采，欲得當日所製之皮人，並願兼太后像，曾三幸瑪噶喇廟。見贋鼎，以為非是，乃令喇嘛特往外蒙求之，庫撥銀數萬兩以壯其行色，逾年未至。維時紛紛獻言告奮勇者不一。或言真物現存外蒙某廟，係某僧所藏，惟吾與之稔，前僧所不能取得也。或言聯軍業已竊去，此外皆偽者。又或言聯軍所取亦贋鼎，其真者乃在藏中，今非在拉薩調取不可。太后乃命傳問達賴喇嘛。及復奏，支吾其辭，不能決其有無。乃更遣人四出探之，於是使者冠蓋相望於道矣。一日，太后復幸瑪噶喇廟，欲搜訪睿邸遺跡。忽於土薛中得斷碑，鐫刻滿漢文各一通，中即敘安置皮像以為紀念事。太后大喜曰：「皮像雖未得，而其據證已確鑿，真莫大之幸也。」乃命人立其石廟階下，而招巧工照鐫一石，存頤和園中。無何，其喇嘛自外蒙歸，求陛見，太后許召入。喇嘛言已得真正原物，且言當日鐫有紀念碑，載此皮像尺寸及製作狀，適相符合。又言：已入外蒙，通訪不得，後歷歷采風，始得某老師，係前此喇嘛之嫡傳。問皮像狀，伊言：「前常聞之，近歲朝廷無意於故物，遂不復置意，故不審此像尚存否。」又言：「某山中古剎甚多，中有奇麗之怪器。爾自往探之，或可一遇也。」予因思太后既有命，雖道途險遠所不惜，況既至此，功虧一簣，日後何等抱悔？乃決然前往，行抵一大山，四面無路可通。夜宿森林中，虎豹野獸，時來磨牙展爪，欲甘心於余。余初攜一皮囊，甚厚且堅，余至夜即蜷伏其中，而手自綰其口。野獸無奈何，則曳之而走。余恐不免，乃默誦《轉劫經》及神咒，果有效，野獸舍予而去。又一夜，聞皮囊上有巨聲如下瀑，自口隙微窺之，則一巨人，長丈餘，頭如栲栳，向皮囊而溺，殆山魈之流也。一驚幾暈。如是者月餘，始得達某山深處。聞此古剎猶在絕頂，乃自念業已至此，決不復返，攀蘿附葛，猱升數四，竟凌絕頂，果有古剎存焉。此間除一二高僧外，人跡到者絕鮮。見余至，皆大驚。因問余來意，余告以故。高僧曰：「十年前確有此物藏弆，為某大喇嘛所齎，至今移歸某山某剎矣。」余頗懊喪。高僧止之曰：「爾勿復如是。得來此間，即係大福，往往有窮畢生之力而不得至者，子尚何懊喪為？」予遂謝盛意別去，復至某山。值大雪，寒冽徹骨，幾不能自持。卒亦抵彼，見主持僧，果得皮人所在。初尚不信我之舉動，嗣告以中國佛爺之意，出差牒示之，始招待優厚。及索皮人，彼又不肯，非留差牒作抵押品不可。予告以差牒須於返時銷差，不克留寺中。彼尚不肯與皮人。後返廟中，持活佛之令，始得入手，今赫然在望者是也。太后笑賞其功，詔拔若干金以酬其勞，某僧不受。顧太后終疑其尚非原物，雖僧有辭，亦姑妄聽之而已。因取此像以與存廟者較，略有不同，而大致相似；審其縫製之跡，仍復粗劣。遂笑置之曰：「此無異秦始、漢武之求仙也，可以休矣。」今二像並存廟中，後有某留學生者，報告某大老曰：「母后所求之皮像，乃在巴黎某大博物館中。」噫！

令其中聽，故未嘗有一語忤旨。對於諸王大臣亦然，雖稠人廣眾中，立編一種諧語，能面面俱到，且俱令人喜悅，絕無諷刺抵觸之處，誠天才也。又凡室中陳設及禮節儀仗之位置舉動，得其指點，無不合度。遇喜慶等事，如何設置為合宜，彼所最嫻，一經調撥，見者俱稱得當。故王公大臣有慶事，為宮庭所賜賚者，必敬延蓮英指置。以太后臨幸，非有蓮英之成法，不能稱旨也。宮中無事，太后常喜改變裝飾，以快己意。如扮演劇文。變幻品類，或攝影圖繪之屬，必與蓮英商榷。故衣飾種種，蓋歸蓮英調度。太后曾於北海舟中扮觀音大士像，且命鏡工攝影，蓮英前列為韋馱狀，此皆蓮英之作為。又或太后作西王母，蓮英即作東方曼倩偷桃；太后或扮男子為太原公子，蓮英自作李衛公，諸如此類。凡遇遊園令節，輒隨意為之，以取笑樂。總之，太后非蓮英不歡也。太后嘗病，蓮英必親侍湯藥，衣不解帶者累月。遇神思稍爽時，必為演說故事，以解愁悶。正苦痛時，則割股灼艾，以分其痛，無所不至。太后常謂：「蓮英實予之孝子，非他僕役之比。」又庚子西幸時，太后道途辛苦，幾瀕於危。蓮英料量服食起居，己之飽暖，置之不顧。過山西某阪道時，馬覆車，太后幾墜，蓮英以身當之，脅受壓嘔血，醫治月餘而愈。太后嘗憐撫之，則泣曰：「此奴才職分應爾，何功之有？第願佛爺康強逢吉。蓮英雖死不悔也。」當蓮英未寵以前，太后喜狎優伶，往往留置榻旁，卒為慈安所見，致起衝突。及得蓮英，寵愛遂專於彼之一身。凡機密之事，肺腑之語，蓮英無不先知，當戊戌政變之初，康有為之密謀，蓮英日伺其旁，若有所悟，遂告太后，令榮祿備之。蓋蓮英素不慊於光緒帝，以其偏袒慈安，綽有二心，且決其日後必與慈禧決裂，生大波瀾。而光緒帝亦深惡蓮英，因蓮英止知慎，凡外省大官來京陛見者，均謝絕，不與通往來。即有造謁者，亦不答拜也。其遠嫌自固若此。關道既探其平素若此，不敢復嘗試，欲求間接，復恐為人所弄。正彷徨間，忽有舊友某京曹者持刺過訪。既寒暄訖，京曹軒渠曰：「旅邸無聊，盍勿往白雲觀一遊，試問金灶仙桃有無消息，而流霞可醉，駐顏妙術，正不患天臺無路也。」關道以心緒無那，亦漫應之，遂乘車至觀。旋有老道士出迎，鶴髮童顏，耐人瞻仰。略事酬酢，即出淺霞酒、青精飯以餉客。京曹乃問近狀，道士曰：「頃間李總管在此誦經，故事大忙。聞太后明日亦須駕臨也。」關道心動，乃絮絮問李總管時來此間否，起居何如。道士或答或不答。關道乃牽京曹衣出至院中，乘樹蔭小坐，探以己意。京曹曰：「吾與道士雖甚稔，然李輕易不肯為人紹介。雖言之恐無效。」關道昵之曰：「吾此行已拚二十萬金，苟得當，尚當別為足下壽也。」京曹曰：「吾非為此，但道士肯為李言，而李允為閣下道地，則得矣。他非所求也，閣下幸勿疑吾有他。」關道亟起謝，且求盡力，約明日復會於白雲觀而別。明日，關道往，適太后駕臨，例應回避，不得入，悵然而返。又翌日，道士已外出，仍不遇。次日晨起，自往訪京曹，求偕往，至則道士出迎。既入室，扃戶屏侍從，密談良久。始約越日復往，仍未得見李。道士亦殊落寞，不過三數語而已。退以質京曹，慮事無望。京曹曰：「否！否！事已就，故許相見。不然，安得與道士有一面之緣哉？但子囊中預備金恐不敷，彼已索三十二萬，道士須五萬。然則殆非四十萬不能辦也。」關道曰：「苟達目的，必竭力為之。」訂約而別。不旬日，諭旨下，關道竟得放某省巡撫，始終未與李一見也。自是，外省之運動者紛紛來，李擇其肥瘠多寡，無不各如所望。然皆絕不接洽，而金已入其橐中，前後共計所得，庚子以前，已數百萬。西幸之日，李與其黨藏貯之，後為某內監所洩，竟為外人攫得。李大怒，譖某監於太后，殺之。庚子而後，八年之中，復事搜括，所得不下二百餘萬。及太后崩，彼得以富翁之資格，歸老納福矣。

(四)

拳匪之亂，雖由於端正、剛顏等之主張，實則李之權力為其中堅也。太后既惟李之言是聽，於是端王等俱借重於李以自固，因李之言即如太后之言，但得李贊成，太后無不立允。當諸大臣爭拳匪不可信時，端王、剛毅等俱在軍機處大言：「李總管亦贊成此議，可見事在必行矣。」凡發一諭旨，必故語人曰：「此諭由李總管贊成始下。」其時權力之盛如此。一日，端王等奏，義和團奮勇，似宜加以賞賜，用示鼓勵。太后意尚未定，以問蓮英。蓮英曰：「欲事速成，自宜不吝重賞。所謂重賞之下，必有勇夫也。」太后遂決以十萬金賞拳匪。嗣又議：「旬日以來，洋鬼子尚未殺盡，或者重賞之力，有未至歟？今欲專注此事，當用何法？」李蓮英首先創議：「凡得洋鬼子首級者，立賞百金，殺其酋目有名者千金。則數日間可殺盡矣。」太后亦首肯其議。及聯軍入京，太后始知蓮英之計不可恃，然終不之罪。蓋太后非蓮英，固如申生所謂「君非姬氏，寢不安，食不飽也」。斯時蓮英亦知憂懼，不敢復作大言，恐太后諉罪於己身，則生命不保也。然太后雖震怒，時時向蓮英詈罵，終不定其罪名。最奇者，當消息吃緊之際，瀾公匆匆入告，謂：「洋鬼子來了。」太后曰：「吾以為爾輩逐洋鬼子去矣。日前尚誇張勝狀，今竟爾耶。」因怒容

二十三、昌壽公主

（一）

慈禧喜養宗室女為己女，以充侍從，壯觀瞻，亦其好自誇耀之一端也。養女中人才不一，然老成持重、於緊要時能於太后有所補救者，必推昌壽公主。公主為恭親王女，幼慧解人意，慈禧愛之，遂蓄於宮中。及長，嫁額附某，劬學早故。公主既孀，仍入宮掖，侍從太后，每歲僅一返其家。性頗貞潔，衣履樸素，絕無嗜好，居恒不與男子通殷勤，毀容不事裝飾，雖二十許人，望之若嫗媼也。遇事能持正心，不善太后之奢侈，常謂：「此等糜費，殊屬無謂，彼清家一老寡婦耳，亦復何心於紛麗？若以此移作他舉，無論公私，均為有裨，何必取快一時，徒貽人之口實？吾既承寵愛，不可不盡言，此正吾報恩之日也。」因遇事極諫，不少假借。太后亦稔其戇直，常優容之，稱之為「女汲黯」。然所言未必能採用也，但不之罪耳。久之，太后頗畏憚公主，每相見，必為之改容，衣飾匿其奇麗者，容貌態度，力抑其佻巧。宮人竊竊議，反指公主如母教焉。顧公主守禮不阿，無瑕可詆，太后始終諒而敬也，對人語及公主，必曰：「此貞潔之女子，人所難能也。」某歲，太后私製一豔色衣，窮極工麗，費亦不貲，知公主必不見許，先囑近侍，切不可令公主知。無何，公主業已探悉。一日，從容言：「兒愛母甚，時時念母所喜者。衣飾若何，起居若何，苟可效忠者，無不願陳諸左右。顧轉一念及大體，兒時曾讀聖賢書：『君子愛人以德。』夫愛人猶然，況親愛之母乎？然兒念母非他人，實天下之母也。任國家之重，有紀綱之責，祖功宗德，實式憑之，故兒萬不敢以尋常之愛愛母。曩者曾過某所，見華服纖巧，問之，更有異錦新來，材料顏色俱絕，江南巧工所為也。擬製一衣以娛母意，知母必甚樂。返而思之，實非祖制，恐為母盛德之累，是非兒所以愛母也，遂忍痛而罷。母以為何如？」慈禧默然良久，始亂以他語，不敢斥其非也。既退，慈禧顧謂左右曰：「曩令爾等所製顏色衣，不宜使公主知，今何如耶？使非爾等多言，彼今日何得有是諷諫？」左右惴慄不敢對，然自是慈禧終不敢服所製衣。

（二）

公主性骨鯁，而能持大體，富感情，不計私利，殆婦女中所不可多得者。載湉之立，恭邸中人以為奪溥倫之席，莫不深惡之，欲推翻之以為快。獨公主不然，謂：「幼主何罪？乃太后之主張累彼爾。且載湉五齡入宮，失怙恃之樂，無提抱撫育之恩，苟有人心，尚當憐憫。奈何因其得位之故，而怨毒及之？且彼何知天子之尊貴？吾入宮時，每見其涕泣思母，以為天下之至苦痛者，莫過於載湉也。吾輩正宜扶助之，何忍加以怨讟？」其慈祥之性類如此。其後公主復與瑾、珍二妃善。二妃者，廣州將軍長善女也。長善與恭邸為中表昆季。公主雖年長，而甚愛瑾、珍姊妹，自幼親之若手足。逮中選入宮，公主又時出入宮掖，相得益歡。瑾、珍知帝不見信於太后，恐後有變，惟自結於公主，或可保全。公主本有意扶助光緒帝，重以瑾、珍姊妹之情感，益傾心為之救護矣。瑾妃勤慎寡言笑，珍妃則婉媚幽嫻，富於情愫，實一佳俠含光之好女子也。光緒帝既鬱鬱不得志，不復繫情燕婉，獨深知珍妃之德容，宮人中一時無兩，愛惜備至。故珍妃雖知身世險巇，而知己之感，銘篆五中。嘗與公主密語，及太后、光緒帝間之隱憾，輒泫然曰：「妹知帝心實無他，苟有變，惟有一死殉之而已。苟及妹之未死，得有一線之機，可以進言於太后。俾兩宮捐除芥蒂，則如天之福，妹死亦含笑於九泉也。」公主以手加額曰：「卓哉，妹之志乎！愚姊必竭綿力以助之。惜太后好昵群小，如李蓮英輩，皆足以傾危帝位者。雖然，吾輩苟極注意，互矢忠誠，當不至有若何大變也。」及戊戌事起，公主尚不知康之密謀，珍妃雖有所聞，然殺榮祿、圍頤和園之大舉，帝未嘗一洩於妃也。事變既起，公主時方往熱河省親。珍妃倉猝不知所為，但泣求於太后，恕帝無罪，否則願以身代。太后怒，意幽珍妃於別室，即殺賜之死，以除珍妃，無他人敢為帝緩頰也，足見珍妃與帝同謀。又以平日忤李蓮英意，蓮英亦欲死之。會公主聞變曰，亟馳入宮視太后，力言此必康黨之流言，帝當無此意。太后示之密詔，公主泣曰：「天不佑清，使兩宮有此巨禍。然以太后之福，已得轉危為安。皇上君臨天下垂三十年，其他尚無失德。太后可恕則恕之，一旦變易，動人觀聽，恐非國家之福。但得太后訓示，徐圖回復機宜，臣民幸甚。兒意如此，未知當否？」太后尋思良久，曰：「予本思去此大憝。今既為觀聽計，姑存其名，以俟異日可近侍臣以百數，乃無一人執事殿中。倘有殃咎，將孰屍之？豈兩宮薄待爾耶，爾乃淡漠若此？」載澧懼，遂遍戒臣工，勤治喪事，殿中人稍稍集。公主左右指揮，一一就緒。自大殮以逮奉安，內政之持，井然有序。隆裕后稱妃不諳事體，攝政王亦闌珊不事事，微公主，幾不成禮也。

(四)

公主更事既多，又善酬應，晚年更能要事象譯，與公使眷屬應對，居然順理成章。初，裕朗西公使女德琳歸國，慈禧留之宮中，即近日風行出版物之《清宮二年記》者是也。慈禧自庚子後，漸識外情，知外人之不可不聯絡。乃時接見公使夫人等，令德琳為舌人。公主常與德琳游，相友善，故能習蟹行文字。久之，亦居然在象鞮之列，雖遠不及德琳，而與外人酬酢，亦綽綽有餘裕矣。且德琳雖事太后，而相處未久，性情不甚諳悉，語默之間尚多顧忌。惟公主從太后最久，直如屬毛離裡，故其言易入，常賴裨補闕漏。太后晚年傾心外交，與各公使夫人等情誼接洽者，俱公主為之媒介，俾無陋膜之虞。其後凡讌會、跳舞、談話，公主無不參與，太后亦非公主不歡也。有某公使夫人者，與公主尤契合，謂為滿洲婦女中第一流人物，德容言工俱備，惜未遊歷外國，罕知世界大勢。不然，從容假以時日，澤以學問，俾與當世參政女子相頡頏，其才力實未容多讓也。後遇某商約訂定事，公主往返磋商其間，斡旋之力居多，公然為女外交家矣。惟吾國諱言婦女干預政事，公主亦不願自為表曝，凡事謙讓韜晦，故外間鮮知其詳。此實亦公主之好處也。

二十四、清末雀戲

（一）

麻雀之戲，不知始於何時，在南方先有一種紙牌，狀絕與今之麻雀牌相類，亦為五木之遺制，殆即麻雀牌所自仿也。京師則於光緒末葉，甲午戰事罷後始漸行；庚子、辛丑回鑾而後，斯大盛矣。當其盛時，上自宮廷閥閱，下至肩輿負販之流，罔不樂從。凡舟車狹巷，輒聞錚錚然聲相答也。慶吊事餘暇必為之，而狹斜胡同曲院中，無晝夜沈溺於此。自民國而後，曲院中厲行禁止，遂不復聞此骨竹之聲。而大家房闥中，其興高采烈如故也。且益以撲克之戲，亦足見一時之風尚矣。先是，清末宮廷中排日為歡，慈禧雖不甚好此，而亦逢場作戲，不以為忤。於是妃嬪以逮內監李蓮英等，無不熱心於此。其自外入而賭客中最豪者，即老慶奕劻之福晉是也。每逢召入宮赴雀戲之約，必挾銀紙數萬金。若大負，尚須遣人至家續取也。其輸贏之巨類如此，故奕劻貪黷，亦勢出於不得不然。蓋交際宮闈，本係彼之一種政策。福晉挾巨金入宮，非特彼所不能干預，且惟恐其不爾。則籌此絕大之運動資本，以供福晉之揮霍，雖欲罷而不能，可知矣。是時宮廷中既宣導於上，而外此王公大臣，部寮百職，以逮諸官眷屬，競以雀戲為款客消遣之具，如茗酒然。其輸贏巨者，亦往往至萬金。噫！官場直如賭場，安得而不賄賂公行，髒私之案，日出而不可窮耶？坐致敗亡，蓋有由也。

（二）

奕劻子載振，亦賭興中最豪者。先是，振貝勒既受楊翠喜，居之天津外室，其內幕乃非金屋，實賭場也。凡入賭者，最小之局，亦必以三千金為一底。底者即勝負之總數，而倍乘之數尚不在內也。振既設此賭場以為之招，凡欲夤緣得優美差缺者，無不麕集於此。振則遣人從旁窺視，以三等資格定其人之高下。凡輸過三底，尚能再接再厲不少退縮者為上等。蓋三底即萬金矣，博進過三底者亦如之。上等之客，招待極優厚，飲食遊戲，聲色狗馬唯所欲。然苟一入慳囊，不復出者，必另設他法恫喝，以傾其囊而後已。其次則輸過二底及贏過二底者，為中等。即不輸過二底而能常應三千元一底以上之局者，亦為中等。再次則輸過一底，及贏過一底，亦如之。對於來客皆有暗記，無有能遁出其牢籠者。惟賭客入座，皆不得見主人之面。雖與主人本素稔者，至此亦不得見面也。凡招待之人，皆嫻於賭者。最上等之客，則可使楊翠喜自出酬應。或問及貝勒，則輒云：「回京，不在此間。」其實正在秘密室內，與二三知己自樂其樂也。此法行之既久，風聲所播，嘖有煩言，言官因屢上彈劾。老慶不得已，面斥振速行廢止，倘不遵依，即明令津門官警干涉，振始唯唯聽命。然其後乃反移至京師，開設賭場如故，但稍收斂，不濫招外客耳。慶第二子載摟聞之曰：「是何膽怯也？吾誓必繼續為之，看窮御史其奈我何？」時摟本眷二妓曰蘇寶寶、紅寶寶，亦寄寓津門，服用輿馬之奢，為一時最，揮霍日必數百金，勢將告罄，乃思取償於賭。見其兄之收束，竊笑其膽怯，遂繼續而起，大有取代之勢，其黷訛則更甚於振。蓋此雙雛者，本非有從摟之志，藉是招搖，於計良得。然來者較振時流品益雜，雖車馬盈門，而中多稗販念秧之流。半月來計其出入，殊覺得不償失，資用漸以不敷，麻雀之幟偃倒。於是紅寶寶首先告別矣，於某夜與客訂定，席捲所有而逸。後雖知其在上海，而以顏面關係，不欲其醜外揚，合浦之珠，遂不復返。而蘇寶寶見紅如是，繼不肯獨抱向隅，於是收拾餘燼，背城借一。津寓既空，摟二爺無法可施，止得吞聲忍氣，生入正陽門已耳。斯時振正設局於內城，摟不得已，親往就範，自陳願與兄合夥。振大笑曰：「老二何如？此席固不易居也，今而後知事之難矣。」遂令出資為副，而實行兄弟竭力山成玉之事。顧其後仍不發達，資用益形竭蹶。或曰：「此經理不善之故也。君家兄家錦衣玉食，安知世情變幻，以是樹立，豈不危哉？其速改弦更張，別延一能手為經理，自居第二重幕中，取穩健之分子也可。」振、摟皆然之，於是乃有第三人出現矣。

（三）

津有商人王某者，善結納，工心計，向亦識振，曾有所賄賂紹介於振。振之娶楊翠喜，王某與有力焉。聞振兄弟之設賭場而敗也，乃自為毛遂，願效馳驅。振極信之，曰：「竹翁來，事必諧矣。」乃賃大宅於崇文門內東單牌樓之東，謂振曰：「方今警務初立，干涉此等事頗鋒厲。然近年來官吏俱畏外人如虎，故宜借外力以拒干涉，方得發達。既發達後，金錢充足，勢力擴充，即無患矣。」振然其計，乃覓無賴洋人二，自認為場主。振、摟與王某三人處內幕。生涯大發達，每日必獲數萬金至十數萬不等。約旬日，事為民政部所聞。時民政尚書乃肅王善耆也，夙有剛正名，且彼亦磨礪豐稜，沾沾自喜。聞此妖魔之大賭窟，以鏟掘為己任。蓋其時固以民政兼警務，干涉不正當之營業，乃其專責也。或言：「有外人為護符，勢不易動。」善耆正色曰：「吾生平豈畏強禦者耶？」乃決計往捕。恐冒昧一往，不得巢窟之所在，反為己累。乃先遣心腹偽為賭賓，用作內應，以便指導。此賭賓有特別徽識，以為捕時辨認地步。其徽識用素絹剪小勝，繫衣鈕間。佈置既定，善耆乃自往，先制外人。蓋所雇之無賴洋人二。儼然作當路先鋒，不聽閒人闌入，且對人即道係己之住宅，非中國人所得入而干預也。無何，善耆自至，入門，悄然無聲息。揣其情態，宛然外人住宅，意頗餒縮，已為宅中人所見，出問為誰。善耆轉念自語曰：「業已至此，不入虎穴，焉得虎子？設有誤，命也。不山窮水盡，吾終不返顧矣。」乃昂然入。轉一室，二洋人左右列案坐，曰：「子來何為？」善耆曰：「吾奉上命捕賭。爾輩奈何犯法，作此害人之事？」洋人勃然變色曰：「賭具安在？此事豈可輕加誣衊耶？不速去，吾手槍固不認人者。」一語次，出手槍擬善耆。善耆意已決，且自恃有力，即直前奪其槍。槍落地，徒手與搏。洋人不意其有力抵抗也，頗虛餒。善耆命從者助己，二洋人均就縛。命執送使館訖，則內部尚未深知，一徽幟者似聞聲，出視。善耆大喜，命為導引，曲折入密室。驟睹之，眾皆大驚。蓋此神鬼不到之區，絕不意飛將軍之從天而降也。善耆方當取消。至於殿試策論，固足以覘貴國士子之治道，然名義上既為皇帝之特權。吾國亦有皇帝，兩國權衡，此等名分，似不可僭越。若博學鴻詞性質，據貴紳士所述，亦與殿試相同，且為特典，若倉猝舉行，反恐貴國士子譏議，亦非妥善之道。還請貴紳士另議辦法。」時紳士中有丁某者，頗狡黠，乃起立曰：「聆將軍之教，誠令人悅服。所謂臨事不苟，聰明正直者也。鄙人今獻一策，似尚當於事理，未識可供採擇否？」瓦命速言之，丁紳從容曰：「敝國平時校試士子，乃有書院，猶外國之有學堂也。京師最大之書院曰金台。凡京兆尹及大官到任，俱應蒞試。將軍有意嘉惠敝國士林，自當戴將軍以長官之禮。如承將軍不棄，賜以甄別，即於書院中舉行，何如？」瓦大喜鼓掌曰：「是吾心也。書院恰如學堂，吾正欲詢問及此，何貴大夫之善體人意耶！吾校試學堂，適合吾之位分。其速速辦理，明日即示考期，三日內實行可也。」又曰：「即敦請丁先生為考試總裁。凡考試一切事宜，俱由丁先生全權辦理。應撥費用若干，預算一表，即付敝處照撥。幸好為之，勿示過儉。須知此亦難得之遭也。」於是眾紳聞瓦以全權委丁，且囑勿示過儉，顯然可得肥美之分潤，皆豔羨垂涎不置，各悔前此失言，而已無及矣。翌日，丁果呈預算表於瓦，一切佈置費用，乃至五萬餘金。瓦略視之曰：「貴國素崇節儉，凡事皆不鋪張，如此表可以概見。君真熱心辦事人也。」丁唯唯而退，喜極欲狂。又明日，廣張示諭，言：「德將軍考試金台書院，凡前列者皆得優獎。」一時文士之流落都下者，正苦衣食不給，聞考試可得獎，皆躍躍欲一試，宛如餓虎逢狼，較之大比之年，情形更為激切。蓋虛榮與實利相較，自不同耳。報名應試者，湧如怒潮，定額本擬千人，三日之間，逾額幾兩倍，不下三千人矣。丁某命即截止，因為報瓦曰：「以將軍威德，士子聞風而來，雲集波湧。院中位置，實不能容，計須擴充坐位。然添置之費不貲，溢出預算良多，而獎金更當加額，是否可行？不得不請示於將軍。」瓦掀髯曰：「此盛事也，奈何吝惜區區，負人好意？其速行添辦。經費一切，隨加隨支，以俟事竣決算，可不示以限制。請先生即主持，來者不拒可也。」丁唯唯奉命出，趾高氣揚，如登雲霧矣。及考期，丁先以題目呈於瓦，且釋其意，瓦以為忠於己，甚贊成之。是日，書院中坑谷皆滿，咿唔之聲，聞數里外。題出，則以《不教民戰》一章，而試帖則「飛旆入秦中」一句也。士子譁然，或以為辱國，然為得優獎計，不欲搗亂敗事。遂各研思抽秘，鏖戰奪標。懸獎之額，第一名為百金，以次遞減。在瓦視之，尚以為過菲，而金台書院之故事，實破天荒之優獎矣。是日，凡與試者俱給外國點心兩枚，以示優異，然人眾言龐，膳夫供應不及，食物俱雜以草具，不堪入口矣。卷既集，丁呈於瓦。瓦命丁分派各校試者閱薦，然後由丁總閱。閱定，更呈於瓦。第一卷為浙江人某，實太史公也。蓋其時翰苑諸公困守輦下者正多，得此百金，不無小補，故冒恥為之。而不意瓦不解文義，但善中國楷書勻整。太史公本善書，因此等考試，向不重書法，謄卷半屬行草，遂被瓦抑置第五，僅得三十金云，此係某君親為予言者。榜發，瓦以百金過菲，特於前三名加獎二百金，一名加百金，二、三各加五十金云。事竣，丁某囊中所攫不下三萬金，瓦前後蓋共費八萬金也。

意，勢力偏於一隅，失敗之由，蓋因於此。時慈禧既得慈安之助力，而乘恭王等之強有力者，知勢已占勝，遂命舁帝櫬啟行，疾趨京師，欲先一日抵京，發肅順等之罪。肅順等知之，恐為先發，乃令怡親王侍衛兵護送后妃，將於途中殺之。而榮祿以兵隊至，預防其變，肅順等遂不敢動。逾日，慈禧先抵京，肅順等奉梓宮行，須後三日始到。慈禧深幸到京在先，得與恭王等密謀對付之策。且先握得傳國之璽，以為嗣子得位之據。佈置既定，靜待肅順等至而後發。越日，梓宮至，恭王已於前一夕派兵駐扎行禮地，以防非常之變故。幼帝及兩宮皇太后皆孝服出迎。迎後，即奉梓宮入城，城內亦先設營帳以待之。怡親王及肅順等既至，兩太后率領咸豐弟及軍機大臣桂良、周祖培等咸在。慈禧神態嚴靜，謂怡親王曰：「東后及予皆深感汝及他同官，護送梓宮，頗能盡其職分。今日大事已畢，監國之名，宜即銷去。」怡親王不意慈禧突有此諭，乃厲聲曰：「予之監國，乃大行皇帝遺命所授，兩太后無權以去之。皇帝沖齡，非予允許，無論太后及何人，皆無權召見臣工。」慈禧從容曰：「爾意如此？請觀其後。」即傳諭將怡親王等三人逮治，一面迎梓宮於皇城大門。途中所列兵隊，皆榮祿等所派遣，慈禧之黨也。於是肅順等知已失敗，無可奈何。順乃咎二王，謂：「不聽吾言，致有今日。」蓋肅順當皇帝垂危時，即勸怡親王先攫傳國璽，次以兵隊監守。兩太后不聽先還京，一面下詔解除恭王、榮祿職權，奪其兵柄，然後回京行事。而怡親王怯懦不前，致璽印為慈禧所得，大事業已去矣。又復聽慈禧先返京師，令得與恭王、榮祿等密議部署，而自守重滯之梓宮，以致三日後始能抵京。待其計畫已定，猶不自悟，空言抵抗，其得禍也，宜哉。肅順等既誅，而垂簾之局乃大定。

知萬壽時賞犒繁，特鑄新幣，以表敬意。」慈禧視幣色光耀，喜甚，遂飭收入。宮中有寵者皆賜之，眾爭寶愛，念剛毅之能不置。尋剛擢戶尚，入軍機，皆三萬銀圓之力也。某道以解京報銷，太后亦不過問。剛毅聞之怒，諷後任劾去之，以為宜贈己也。未幾，清糧事起，剛奉命南下，凡江、浙諸省，無不被其搜括，公私為之一空。初，某御史言「江、浙地密人稠，開墾已遍，而賦冊多列荒地，不報升科。當此國庫支絀之秋，何堪再聽隱匿？此皆污吏奸民，串通作弊，實有妨於國家惟正之供不鮮。朝廷宜派專使，遍行清丈，使地不隱匿，糧無虛報，庶幾國用充裕，良民氣平」等語。時方甲午新敗之後，朝議正事羅掘，覽奏頗動，遂交部議。剛毅時掌戶曹，力主速辦。朝廷遂簡剛為專使，勵行清丈，志在必成。剛奉命南下，與督撫會商辦法，皆主畸零糾葛，騷擾民間，如操切行之，恐釀成禍變。剛以為疆臣有意忤己，大怒不聽，乃自發單諭，飭州縣自行履勘，無少瞻徇。時地方各長吏知其意在婪財，各集銀數十萬以賄之。事少緩，然意猶未慊，且搜索及倉庫，日夜咆哮於藩署道庫間。長吏苦之，乃更賄以若干，始偃旗息鼓而去。此行非特並未規畫清丈方法，且於江、浙田賦之統計，未嘗一窺也。但前後婪索數百萬金，捆載而歸耳。自經此搜括，江、浙財力為之大衰，而剛之私囊，充牣有餘矣。及拳亂起，剛之家財，悉為聯軍所得。有家人林某者，乘其將斃時，攫得十餘萬金，且竊其寵姬某氏，逃往天津。回鑾後，設金店於東城及前門外，居然面團團作富家翁矣。顧其後輾轉，生一趣聞，亦足見天道之好還也。林某既得寵姬如夫婦，常車馬出遊，以炫其顯赫。某少年者，宗室子也。幼曾出入剛府中，識某姬。偶見於香廠中，知為林某所得，大憤曰：「惡奴敢爾？吾必取而生大經濟也。如某之一生只作破承題，且亦旋即棄去，不屑為，而今備位宰輔，與彼咬文嚼字，輒誇下筆千言，而落拓窮途，一身且不自保者，何如？」聞者亦不屑與之辨難也。嘗於度歲日，命其幕賓作春帖，粘於府門，所擬者均不洽意。一學究為府中錄事，妄希榮寵，亦撰一聯進呈。剛忽激賞曰：「還讓此公。」乃命書之。下聯為「花暖鳳池春」句。「池」誤作「墀」，蓋學究抄襲舊本，以訛傳訛，剛亦不解也。他幕賓見之，相率辭去，謂：「吾輩不甘為白字先生分謗。」剛亦聽之。剛曾為雲南按察使，忽欲沽名，乃命人編刊《官場必讀》，遍贈僚屬，且攜至京中贈人。展視之，則率載札諮、呈移、告示等程式，了無他物，見者無不失笑。剛以查庫，至江寧調查鹽務厘金及地方行政簿，繁如牛毛，昧昧不能省視，則舉告曰：「但使五岸督銷，增認若干。各地方田賦、雜稅增額若干，則我事好辦矣。」有厘金總辦某道，欲固其位，請月增十萬金，剛既諾之矣。忽某道挽人進言：「可增至十二萬金。」剛曰：「爾速取金來，我奪彼與爾可也。」保甲局歲費止六千金，剛曰：「此屬糜費，何益？不如裁之。」後盜賊白晝橫行，絕無防衛，不顧也。初，江寧藩司弗審剛意，聞剛至，日督員吏會計鉤覈。時盛暑，剛急欲入都覆命，見狀不耐，乃曰：「君奚徒自苦？天下事殊易辦，日只須兩句鐘，著坎肩，挽將辮子，一小童掌扇，則諸事畢矣。」藩司會其意，乃潤色了之。剛喜速成，束裝而去。聞藩司所贈亦不下二萬金也。庚子聯軍既入京，洶洶索罪魁，剛知不免，乃謂人曰：「君辱臣死，今兩宮西幸，辱矣。我為國家大臣，敢不死？」乃絕粒。痛飲五色瓜湯，腹泄數日，遂死。

二十八、毓屠戶

（一）

清季之酷吏，當以毓賢為舉首。跡其生平，無他能，前半生殃民，後半世召侮。蓋自山東知府以至巡撫，以能治盜名，名為治盜，實殃民也；自山東巡撫以至為山西巡撫，以能排外名，仇教殺人，借殘酷自鳴忠憤，名為排外，實召侮也。而其最昏誕者，即奉拳匪為神聖，不惜與其前此治盜之宗旨相背馳，誠不知是何肺腸矣。初，毓知山東曹州府。曹多盜，毓至曰：「是易治也。」命木工製大木籠四，高及肩，囊其身於籠，而以木環圍瑣其頸，植木其中，足下初置磚，漸抽去。弱者半日、強者一日夜死矣。籠駢列署門，若儀注然。某君語予：某歲曾以事過曹，甫及境，哄傳「請看毓屠戶捕盜。」出觀之，十餘衛兵洶洶搜一旅邸，得槁項黃馘者十許人，縲絏牽曳而過。或歎曰：「是十許人者，不逾一晝夜，俱送入鬼門關矣。」予駭然，意讞盜定罪，往返亦須數日，安得一晝夜即駢殺爾許人？且其間或有冤者，亦須分別鞫訊。然眾語如此，不可不一究竟，逡巡往觀之，至則太尊高坐堂皇，略問姓名履歷，即厲聲曰：「站！」站者，立入木籠之簡稱也。四大籠既肆，徒黨亦漸眾。其人皆持大刀往來，聲言非殺盡洋鬼子不可，因名其會曰「大刀會」。然溯其原起，實自李秉衡始。毓賢為藩司時，秉衡任巡撫，以仇教相切磋，因是親善。時大刀會殺二教士，德人以秉衡獎勵大刀會，致釀此禍，非褫秉衡職不可。朝議亦主排外，執不允，但調秉衡督川。德人憾不已，遂命開缺；德人堅謂不足蔽辜，卒革職去。去日，謂毓賢曰：「我去公必代，是不啻竟我志事也。朝廷怵於外人勢力，不欲決裂開釁，亦具苦心。但我輩堅持此志，當百折不回，非掃盡妖氛，無以表我輩之人格也。幸好為之，吾已密保於上矣。」及秉衡去，毓果得代，乃一循秉衡之舊，幾如蕭規曹隨，後先媲美也。拳匪探知毓意所在，大肆劫掠，於是有所謂「朱紅燈」者出現，揭竿懸旗，昌言滅教。毓賢命濟南知府盧昌治查辦，匪起抗拒，擊殺官兵數十人，自稱「義和拳」，建「保清滅洋」旗，劫掠教民數十家。毓賢聞其仇教也，即不問其拒捕之罪，反獎為義民，出示安撫，改其名曰「義和團」。蓋此嘉名實自毓所賜也。後毓入都，聞士大夫多斥拳匪者，惟剛毅等與己見合，乃倚為盟主，以攻反對者，輒大言曰：「義和團魁首有二，一為鑒帥，其一即我是也。」其敢冒不韙如此。時拳匪樹「毓」字旗，焚劫無虛日。教士屢函乞申理，總署令毓保護，毓均置不問，匪勢益熾。法使屢責總署，乃召之來京，以袁世凱代為巡撫，拳匪遂闖入直隸境矣。毓賢入都，得端王、莊王、剛毅之贊庇，氣焰張甚，輒謂：「朝議太無主張。」陰斥樞臣之媚外。每與端、剛等論議，歷述義和團之忠勇可恃，端、剛等遂據以入告，乃仍用為山西巡撫。拜命之日，拳匪額手相慶，皆曰：「吾道其西矣。」蓋衛軍數十人，皆拳匪首領，早以佳音報知團中矣。自是，山西始有拳匪蹤跡。毓乃如飲狂藥，自稱義和團統領，蓋憤於山東之被黜，激而倒行逆施之舉也。平陽府教堂被毀，府、縣以聞，稱曰團匪。毓賢痛斥之，至欲列諸彈章。於是郡、縣承風，莫敢詆拳匪矣。

（二）

毓賢在山西日，與端、剛通密函，自言：「閫外事，惟賢所主。晉中洋教得淨絕根株，然後更及其他，賢必為公等分憂，對朝廷盡忠，對上官盡職，對地方盡力，對義民盡信，對天下、後世無愧。」云云。其風顛不經，皆此類也。端、剛等歎為義士，隱然倚若長城。故總署迭接外使責言，請撤換晉撫，中朝俱置之勿問也。李蓮英語人曰：「方今督撫中惟毓賢一人，可算得盡忠報國。」毓賢聞之，益喜自負，因命太原冶工精製鋼刀數百柄，分賜拳童，刀環皆鐫「毓」字，呼其眾入署，親諭以「仇殺洋教，宜並力一心，勿負我意」等語，諄諄如訓子弟。拳童跳踉索錢帛餅餌。毓命與之，謂其左右曰：「此輩天真未鑿，要皆忠勇之氣所成，不宜拘以禮節。」賞畢，復送之出署，市人鼓掌從之，皆豔羨垂涎，於是無業遊民紛紛請習拳。即小負販者，終朝勞動，不獲一飽，亦推擔而起曰：「盍習拳？習拳可立富貴。」既愈集愈眾，署中應接不暇，毓亦厭苦之，乃令各州、縣分給錢米，不復直接供應矣。州、縣敢怒不敢言，或毅然不與，則拳匪圍署滋擾，洶洶欲火廬殺人。此等案日輒數起，毓置勿問也。拳匪向州、縣無所得，則仍來撫署環求。毓乃接大師兄入署，與商安插拳眾善法。緣輿朱蓋，尊若貴賓。大師兄亦居之不疑，與中丞公分庭抗禮。及開議，毓長揖就教，大師兄曰：「吾已與部下約：凡得教士產者，以十之三賞首功，十之三分賜各兄弟，其四入團為公費。此後老公祖但獎勵團眾，許以便宜行事，通令各地方官勿加干預，則彼等餉項充足。取鬼子不義之財，供同胞倡義之費，一舉兩得，永不復煩公祖撫恤矣。」毓大喜，亟贊為「辦理有法，果然天誕奇才，安內攘外，保佑大清，此國家之福也。」是年五月，拳匪擾直隸，聯軍攻天津，東南各省自保，袁、許等以禍日亟，請速保護使館教民，勿召外侮。朝旨兩可。總署主外交，見禍切肌膚，乃不得不請旨保護教民。廷寄至晉，毓擲之於地曰：「此漢奸所為也，老佛爺必不信此，且端、剛等自有主張，豈至先後矛盾若此？」翌日，端、剛函至，則果飭其力庇團民，痛除洋賊也。毓語家人曰：「吾幾為漢奸所誤。」自此乃於廷寄中見保護外人及調和等詞意者，誓不復入目，一意主庇拳仇教。六月，遂命大焚教堂，殺教士，太原為首倡。有最巨麗之教堂被焚，煙焰滿城。毓登高觀之，歎曰：「天意也。」營官將施救，毓不許，曰：「汝何人，敢違天乎？且非吾有命，胡僕僕為？」

（三）

拳匪焚殺之慘，實推山西為最。蓋他處皆拳匪自為之，其力小而弱，惟山西則巡撫為之主張，故其力厚而強也。時洋教士及華人入教者被殺之慘，暗無天日，有目擊者尚能言之。大教堂中英教士某者，為毓所誘擒，復逃出，號於眾曰：「昔年晉省大饑，赤地千里，吾輸財五六萬，活數千人，於晉亦不為無功。今獨不能貸一死，讓我他往耶？」時左右皆拳匪黨羽，方鼓興若狂，無一人為教士緩頰者，且無力者恐禍及己，亦不敢有言，卒為拳匪所戕。又一英婦挾抱嬰兒出，跑於道左，言：「吾施醫藥，歲治數百人，今請貸吾母子一死。」語未絕，衛兵以梃擊之，仆於地，兵推置火中，兒已宛轉烈焰中矣。婦奮身復出，兵仍推之入，與其兒同燼焉。大教堂既焚，乃命搜獲各分教堂教士、教民，令集一處。先下令守城門，禁教士出入，行道者皆檢其身有無佩十字章，佩者皆捕之。復移教士老幼於鐵路公所，以兵圍守，紿言將送之入都，眾以為有生望也。無何，覆命驅入撫署。毓自坐堂皇，厲聲數教士惑眾之罪，命即日行刑。凡殺英教士男女老幼三十餘人，服役者二十餘人，梟首懸城門示眾。衛兵之與教民有私仇者，任意剖心棄屍，積如丘山，毓勿問也。毓自上奏，言彼設一巧計，將洋人盡數擒捉，以鍊鎖之，均在撫署處決，無漏網者。惟有一洋女人，割乳後逃走，藏於城牆之下。及查得，已死。此等喪心病狂之詞，公然見於奏摺，可謂一時之戾氣。又撫署殺教士之翌日，盡驅法天主教堂童貞女子二百餘人，至桑棉局，迫令背教。皆不從，令斬為首者二人，以盎盛血，使諸女遍飲，有十六人爭飲盡之，毓乃令縛十六人懸高處，迫其餘皆背教。仍不從，求死益堅。兵士擇貌美者，掠數十人去，欲肆行非禮。聞無一人屈者，或扼殺之而淫其屍焉。其後諸女子皆被殺，屍橫如獺祭，見者莫不慘傷。各屬教民富者，罔不被拳匪掠奪，其被逼背教，抵抗不從而死者，先後凡數千人。被禍最慘者為大同、朔州、五台、太原、徐溝、榆次、汾州、平定等處，拳匪之勢幾遍全省。毓雖剛愎，而懼內甚。其夫人亦仇教，胡殺戮之慘，無與挽回者。聞後亦知殺女教士之慘，命於女子暫緩。而拳匪得志，乃不從令矣，毓妻卒發背疽，死於晉。

必愁煩。」毓被嬲不已，乃曰：「朝旨亦可假冒耶？爾等速自為計，毋溷乃公。」拳匪知不復可混，乃嘯聚各鄉，為攫金鳥獸散之計。是時，州、縣強項者，始不關白上官，自行痛剿，毓亦不過問。有平遙令某者，以家財激勵死士，捕劫掠之拳匪數百人，駢誅之。拳匪欲報仇，訴於毓。毓曰：「爾輩劫掠為生，即非義民，安知非假冒義和拳者？爾輩須往查明皀白，吾始可為之代辨。否則，地方官本為除暴安良計，劫掠者，王法所不赦，吾安能庇爾輩？且吾已為朝旨所駁斥，旦夕待罪此間，尚能為爾輩護符耶？今本省洋教已盡，爾輩宜往京師、天津、山東一帶，奮其義勇，自樹一幟，切勿在此騷擾良民也。」拳匪語塞，但求撫公憐憫，發給遣散之資，令兄弟輩各尋生活。毓曰：「吾服官以來，清剛自矢，別無藏鏹餘財，可以為諸英豪壯行色。無已，吾惟有敝衣數箱，爾輩向質庫取銀，作川資何如？」語畢，命從者出箱示之，皆破爛不堪衣著之物，拳匪乃謝曰：「公真清官也。兄弟輩不敢復有所求，且公行有日，兄弟輩尚當醵資為公壽，公毋自苦，兄弟輩必當籲請於朝廷，保公無罪也。」毓謝之，且囑其勿爾，令朝廷生疑。自是拳匪不復入撫署。

（五）

罪魁懲辦之旨下，秉衡、剛毅已前死，惟趙舒翹、毓賢尚存，宜立即正法，以謝外人。時毓賢得發配新疆之旨，將行，尋又得抵甘肅即行正法，著何福坤監視行刑之旨。李廷簫為晉藩，附和毓聲，縱拳戕教。既得正法之旨，持以示毓，毓曰：「死，吾分也。執事何如？」廷簫知不免，元旦日，仰藥死。拳民欲留毓，或又勸毓據晉，率拳民以叛，毓皆不允，且曰：「吾本忠於朝廷，若此，則前日之清勤忠懇，盡付東流矣。」蓋猶自信為後世有名譽之人物也。抵蘭州，蘭之士民亦多信義和團者，謂毓無罪，以伏法為冤，集眾欲代請命，求朝旨貸一死。毓移書止之，謂：「已殺洋教士時，已辦一死；今乃不成，死何足惜？但願繼事吾志者，慎勿忘國仇可耳。」眾感其言，或有泣下者。時毓之老母年八十餘矣，留太原，惟一妾隨行，知行刑有日，乃逼令自裁。妾縊，視其既死，笑曰：「彼乃先驅狐狸於地下也。」旋自作輓聯：「臣罪當誅，臣志無他，念小子生死光明，不似終沈三字獄；君恩我負，君憂誰解，願諸公轉旋補救，切須早慰兩宮心。」書之懸於逆旅，眾或傳抄之，忠臣好官之名，頗震一時，識者或嗤之以鼻。然當日毓狼狽之態，亦殊可憐也。正月初六日，何福坤至什字觀，呼毓出。毓尚未朝衣，知何來即將行刑，乃請整衣出看，何許之。毓殊不畏縮，及出，隨從武員即舉刀斫之，傷頭不死，毓負痛連呼「求速死」。僕憐其宛轉，助之斷項，眾為集資收葬焉。或追敘其殺洋教士之慘狀，乃歎曰：「如此而死，猶幸也。」

二十九、寇太監

光緒帝有寇連材為心腹，亦猶西太后之有李蓮英也。顧連材忠耿持正，視蓮英之貪邪婪賄，作惡無厭者迥不相同，初，連材稍讀書識字，嘗究心於君臣大義，謂：「己惜已身為刑餘，不能列朝右與士大夫商政治，亦不當與士大夫交，為朝廷羞。惟既給事宮廷，親近人主，自當盡吾職分，令人主安適康健，為天下臣民造福。所願如此，其他奢望，不敢存也。且令人主知吾輩中尚有良心，非可一概抹殺者。」其志類如此，故平居作事謹慎，保護幼帝起居服食，無不誠敬。光緒帝自幼入宮，不能得慈禧歡心，體極孱弱，飲食衣服，慈禧絕不憐顧，醇王福晉常為之哭泣。惟連材熱心調護，帝幸得長成，連材嘗作日記詳載其事，中略言：

> 帝生母雖與西太后同氣，而西太后待遇殊落寞，饑渴寒暖，從未一問。所賴東太后時時撫視之，得無失所。及東太后上賓時，帝甫十一齡耳，自此遂無一人調節起居。連材無狀，不敢專擅，但於心不安，亦萬不得已，乘間進言於西太后：「衣食宜如何整理，勿聽帝自主。彼輩不能盡職，帝年幼，不知施以賞罰。早

晚寒暑，漫無節度，或衣垢不浣，或物腐充食，有傷政體，請太后為之查察。」太后反責連材多事：「汝盡職可耳，安得越他人俎而代之謀耶？」連材嘗私念帝雖貴為天子，曾不及一乞人兒。本生母醇王福晉每與人言及德宗，未嘗不痛哭欲絕。自帝御極，以至福晉卒時，二十餘年，母子終未獲一面也。西太后之忍心如此。後帝患痼疾，精神痿敗，不能生育，皆少時衣食不節所致。

哀哉！連材所記之言，大致如是。李蓮英甚憾光緒帝，以嘗受帝之呵斥故。而寇太監忠於帝，故蓮英深惡之。西太后之惡寇太監，則蓮英與有力焉。戊戌之變，當康有為與帝密謀之際，寇微有所聞，蹙然曰：「此事發之太驟，恐難得圓滿結果。且呂祿握重兵久，根深蒂固，一時不易猝拔。而太后黨羽中如剛毅、裕祿、懷塔布、許應癸諸人，皆數十年舊宮僚，資格甚老，門生故吏極多，亦非旦夕所易推倒。今帝所恃者，謀臣則一新進之康，兵師則袁世凱。袁方將受榮之卵翼，安能使之反抗？此事若不熟籌，恐畫虎不成，反類狗也。雖然，我一刑餘賤者，縱剴切言之，亦烏足動聽。」於是憂形於色，寢食俱廢。帝向知寇之誠懇，凡服食起居，非寇在側不歡。忽請假數日，知其病劇，乃遣人召之入，詢所苦，冠曰：「奴方見皇上近日憂國甚至，恐有傷玉體，故不覺悲戚。念曩昔聖躬之孱弱，皆奴才不善調護所致。今當宵旰憂勤，而奴才終不能分尺寸之憂，皆奴才之罪也。誠惶誠恐，無地可以自容，故不覺至此。」帝覺其宛轉陳詞，中有微意，乃曰：「子第自愛，幸速愈，容聯思之。」寇因泣撫帝足曰：「陛下獨不念魏高貴鄉公、唐中宗之事

三十、劉太監

慈禧之殘忍不德，更仆難數。其對於失歡者固睚眥必報，而閹寺宮人，命等螻蟻，更罔不受其荼毒。自李蓮英專寵，失寵者必置之死地以為快，然無若劉太監之慘者。先是，大內蓄毒劑至多，其毒性種種不一，奇異出人意表，不獨宋祖之施牽機藥於李後主，為歷史上之奇談已也。聞其藥有服之數年而始斃者，有入唇立絕，毫無傷痕者。以視鴆、砒，直尋常菽粟耳。相傳悉係明代遺物。孝陵之誅翦功臣，成廟之剿絕孝康諸子，大都皆將此物。至孝貞上仙之速，度即此物之為祟也。其後十數年，始有劉太監之奇劇。太監劉姓，忘其名，眾以其性行迂緩，而城府極深阻，故儕輩俱戲呼之曰「陰劉」。劉入宮，迥在李蓮英前，得太后權寵，亦初在蓮英右。及蓮英得志，劉寵始稍替。然以資望，究在李上，宮中諸小璫莫不尊事之。那拉氏之起居、服食、嗜好，劉最粗悉。李初恒諂事劉，竊窺其術，學步無所不至。劉固不肯盡洩其秘，然蓮英性乖巧，一顰一笑，無不為東施之效也。久之，後意漸移於蓮英。又蓮英年少，貌雖不美，而作態嫵媚。后性惡老，陰劉之不敵蓮英，勢也。然以習慣上之關係，寵雖衰而太后尚不能忘之，遇故事蓮英不能了然，輒曰：「問劉，劉必稔。」劉以是持李短長，蓮英積羞成忌。劉、李之間，勢遂水火。蓮英意非去劉勿快也，乃用其惟一之術，時時譖劉於太后前。顧劉亦工心計者，語動最周密，凡蓮英所抵之隙，無不先事預防。李雖百計傾軋，終歸無效。乃一變其計，為暗箭傷人之伎倆，陽修好於劉，而陰實謀之愈亟，劉果防之稍懈。一日，劉忽以事失西太后意，大受譙訶。李乃乘機中西太后之所忌，竭力媒孽。西太后果大怒曰：「是人殆不耐活矣？」一日，御便殿，召劉至，叱使長跪，數其罪至數十事，曰：「此可殺否？」劉自審為蓮英所傾，必不免，乃崩角曰：「奴才誠有罪，當萬死。求佛爺憫三十年犬馬微勞，使獲全屍，於願足矣。」西太后沉吟久之，曰：「子且退，予有後命。」因吒侍女引劉至殿下一小屋中，反扃其戶。劉既去，西太后忽笑顧諸侍女曰：「今日有一新鮮活劇，賞爾等一觀。此劇固數百年不易見也。」因令於某號室內開某字型大小櫝中，有玻璃篋扃鐍極嚴者，取以來。侍女如言，奉篋至，西太后自揭衣囊，探其中出一小鑰，製絕精巧。及啟篋，則中有大小玻璃瓶十餘事。太后檢視良久，取一小瓶，高僅寸許，中貯淡紅色藥屑如粉，乃以法去塞，傾藥粉入一酒杯中，約止分許，和以水，曰：「持此令劉監飲之。飲畢，令其安臥勿動，汝即來覆命。」侍者受命往。有頃，返曰：「劉監得藥，即叩首謝恩，然後服。服訖，即遵旨安臥矣。」西太后頷之，越炊許，忽語侍者曰：「汝輩欲觀奇劇，此其時矣。世界新幻戲，當無如此之巧妙也。」眾奉命，相偕入小屋中，啟戶入視，則劉已不知何往，疑其遁也。驚極，幾大號。忽一女子左右視，顧見炕上臥一小兒，亟諦視之，即劉也，已縮小如初生嬰，長止尺許。撫之已僵，而膚色悉如平時，絕無遇毒狀。眾乃大懾，有因驚致疾者。西太后聞其狀，乃吃吃笑不已。甚哉！其殘忍乃過於呂雉、武曌也。

好讀外國文字也，大呼帝為「鬼子徒弟」。太后聞之怒甚，立命將大阿哥抽二十鞭。端王知之，大恨。翌日，率拳匪數十人呼噪入宮，找尋二毛子。至寧壽宮門，太后尚未起。端王等大呼：「請皇帝出來，皇帝是洋鬼子的朋友。」其時端王粗莽之狀，甚可駭異。聲為太后所聞，正問訊間，又聞群呼：「殺洋鬼子徒弟。」太后急走出立階上，諸王公及拳民聚於下。太后大怒，斥端王曰：「爾即自為皇帝乎？胡鬧至此，亦復成何體制？爾當知乘此國事紛亂，即謂可任意攫取？此大誤矣。速去毋溷。帝位廢立與否，惟予有權。爾若依爾子為儲貳，遂肆行無忌，不知予可立即可廢。爾不自量，予頃刻即可廢之。爾速領此等人出走。苟不奉旨，不得入也。爾知罪，速叩首請罪而去。」端王大懼，叩首不已。太后命罰俸一年，以示薄懲。義和團首領在此叫囂，立即斬首。於是人人震懼，不敢覬覦非分矣。大阿哥曾謂太后曰：「請護送太后往熱河，讓皇帝在京中，與其朋友外國人講和。」太后斥之，然大阿哥終不悛也。大阿哥年十五，肥胖粗野，狀類傖荒，喜著武裝。常出外觀劇，戴金邊氈帽，內著皮衣，外罩紅色軍服，如奪標者，與伶人、混混等多相稔。頗工馬術，亦善音樂。觀劇時，如臺上鼓板稍錯，即離席大罵，或自登臺代之。怪狀劣跡，殆難悉數。有時為太后所聞，則重加鞭責。忽與侍奉太后之宮女有私。太后知之，大怒，不待罪魁之懲辦，早有廢立之意矣。又時與內監擊瓦片水上，計其縱躍次數以賭勝負，俗呼「打水撇」者是也。又嘗於西安行宮殿上踢毽子，殿官稱寶座前不宜作此，乃罵曰：「寶座是咱所坐，爾敢阻撓耶？」太后聞之，心惡其粗鄙。及和議成，端王降庶人，編發新疆，大阿哥遂廢。然太后猶憐憫之，月給四百金以養贍焉。

即知有非常舉動，立命由密室接見，此非彼等先有同謀而然耶？先是，八月初一日，光緒帝召袁世凱入見，時袁為直隸按察使，明係榮之僚屬，帝乃誤認為忠於己黨者。召見時突問：「苟付汝以統領軍隊之任，能矢忠於朕否？」此問可謂奇特，袁豈肯答以「臣不能矢忠於陛下」乎？袁曰：「臣當竭力以答皇上之恩，一息尚存，必思效忱。」云云。帝以為其忠懇之色溢於眉宇，確係可信，乃下諭云：「現在練兵緊要，直隸按察使袁世凱辦事勤奮，校練認真，著開缺以侍郎候補，責成專辦練兵事務，所有應辦事宜，著隨時具奏。當此時局艱難，修明武備，實為第一要務。袁世凱當勉益加勉，切實講求訓練，俾成勁旅，用副朝廷整飭戎行之意。」此諭注重練兵，明明道著意旨所在，以太后之精明老練，豈有不知？相傳當袁被召，退下仁壽殿時，太后即召入，詳詢帝召對時語。太后謂袁曰：「整頓陸軍，本是應辦之事。此諭甚為通達，但皇帝行之，太覺匆忙。予疑其別有深意，爾俟皇帝第二次召見，再請予之訓令可也。」此數語實已洞見癥結，於幼稚皇帝之陰謀，明若觀火。袁世凱何人，乃肯自尋死路耶？袁退，太后即命人請帝至，謂之曰：「康有為在外昌言無忌，詆毀太后，乃大不法。」命帝即拿辦。又以平日責帝之言責之，謂帝近日對己，愈覺改變，於孝道有虧。帝唯唯聽命，且陳自願改悔。太后之於康謀，不啻已明言之。且帝自顧，絕無權力可以抵抗太后，而乃欲雄飛突舉，寧非弄巧反拙之事？觀此則不待袁之乘車告榮，已可知事之必不成矣。其後榮祿反以曾保薦新黨，交吏部議處。太后之作用，可謂十分周密。自是即調榮祿入京，而以裕祿代之，皆太后死黨也。榮祿直至臨終，常自呼為康黨，以為戲謔。太后亦戲之曰：「爾曾得爾友之若何新聞？彼實奸臣，負爾好意，竟致反噬。」榮祿亦失笑。是太后之黨直視康等與帝之舉動為兒戲，成敗之數，寧待事後論定哉！

（三）

政變後，榮祿入都，授軍機大臣、兵部尚書，節制北洋軍隊，兼握全國政治兵隊之權。此等重權，實為清代絕無僅有之事。蓋太后之信任達於極點，亦以報其忠誠擁護之意也。是時，榮祿頗惡新黨，鉤治極酷，乃反動之力使然。一日，或言於榮，康黨在外造清議，專罵中堂。榮笑曰：「彼等既逋亡海外，何事不可為，即微清議，吾亦知其罵我。」其後拳亂之始，即語人曰：「近支王公無意識之舉動，一至如此，得毋為康黨慶幸乎？」然端、剛等亦終疑榮祿有媚外心。設非太后信任，早為所傾軋矣。某西字報或論榮之生平，其言絕公允，略謂：

榮之為人，據中國士夫之見，實能盡人臣之職分，且頗有大臣風度，通達治理，可任大事。當拳匪亂時，中外皆集矢於榮祿之一身，此實康黨之謠言。當時無為之辨白者，亦因使館中人之偏見，又不能得真實之報告故也。彼實以全力阻止舉國若狂之拳匪，用盡方法以勸阻皇族，免鑄大錯，不可為無功。綜慈禧聽政五十餘年以觀，有治世之能，而又赤心報國者，僅曾國藩一人。自此以往，則不得不推榮祿。當滿洲皇族盲於大計，倒行逆施，既暴且弱之時，榮祿之先見及勇毅，實大有補救於國家也。由其柄國之日，以至辭世之年（一九三〇），吾等觀其所為，實乃慈禧最忠之臣，亦為最有識解之參謀。而慈禧之能知人，亦藉以見也。當光緒二十六年拳匪亂時，太后惑於聲勢之盛及親貴之附和，復由一己之迷信及希望，漫允端、剛諸人之請，侵奪榮之職權，殆使之無發展之餘地。然太后以一時蒙懂，鑄此大錯，其後仍聽榮祿之言，以挽救危局。當國事大敗之日，朝廷已陷於危難之境，太后此時所倚恃者，惟榮祿一人。榮亦能盡忠以事太后，不懷貳心。太后初雖未信其言，至後乃服其先見，故中國事勢現雖無定，而有一事則毫無疑義者，即吾人當永遠紀念此明決勇敢之榮祿。其言行可法，無論中外之人，皆當一致。以前所待遇之感情，尚嫌過薄，不足稱其功也。當兩宮西巡時，眾集矢於榮祿之一身；回鑾後，使館中人頗冷視之。彼不知外間之誤會，甚以為怒，曾語其近親曰：「余當日竭全力以抵壓拳匪，余毫不悔恨。但不解使館人仇視冷遇之故，此事余不能無忿忿也。」有人曾記載其言曰：「吾庚子年之所為，非出於愛西人之故，實盡忠於太后及朝廷之故。」言雖如此，然其所為，既大有益於西人，則吾人稱譽之亦不為過也。太后與榮祿商議處置維新黨之事既久，榮祿主嚴辦，謂非如此，則不足以保存滿洲之國運及名譽。於是譚嗣同等六人，遂由刑部審問，榮祿亦承審。凡康黨預謀太后之事，審問極詳。在康有為寓中抄出文件甚多，凡其黨之所謀，皆詳載無遺。軍機處乃據以定黨人之死罪。彼等將謀害太后，已無疑義，群主速辦。蓋當時滿、漢意見極深，若不速辦，則其事愈引愈壞也。太后准軍機之請，遂斬六人於市。彼等從容就死，觀者甚眾。復於楊銳處抄出皇帝與彼之信件，皆攻訐太后之語。又有楊銳一摺，參太后罪惡數端，並及太后私事，羅列多人，榮祿亦與焉，餘皆顯要之人。摺後有帝朱批。此事南方廣州等處人編為歌謠，以為嘲笑。太后見帝朱批，知帝參預隱謀，遂決計斷絕帝與新黨之關係。據太后之人所言如此，其事亦可異也。殺六人之旨，乃太后親筆，榮祿助之，但其名仍出於皇帝。此諭以朱筆書之，以示重要，諭云：

近因時事多艱，朝廷孜孜圖治，力求變法自強。凡所設施，無非為宗社生民之計。朕憂勤宵旰，每切兢兢，乃不意主事康有為，首倡邪說，惑世誣民，而宵小之徒，群相附和，乘變法之際，隱行其亂法之謀，包藏禍心，潛圖不軌。前日竟有糾約亂黨，謀圍頤和園，劫制皇太后，陷害朕躬之事。幸經覺察，立破奸謀。又聞該亂黨私立保國會，言「保中國不保大清」，其悖逆情形，實堪髮指。朕恭奉慈闈，力崇孝治，此中外臣民所共知。康有為學術乖僻，其平日著述，無非離經畔道、非聖無法之言。前因講求時務，令在總理各國事務門章京上行走，旋令赴上海辦理官報局，乃竟逗遛輦下，構煽陰謀。若非賴祖宗默佑，洞燭幾先，其事何堪設想！康有為實為叛逆之首，現已在逃。著各省督撫，一體嚴拿懲辦。康有為之弟康廣仁，及御史楊深秀，軍機章京譚嗣同、林旭、楊銳、劉光第等，實與康有為結黨，隱圖煽惑。楊銳等每於召見時，欺蒙狂悖，密保匪人，實屬同惡相濟，罪大惡極。前經將各該犯革職，拿交刑部訊究。旋有人奏：若稽時日，恐有中變。朕熟思審處，該犯等情節較重，難逃法網。倘語多牽涉，恐致株累，是以未俟覆奏，即於昨日諭令將該犯等速行正法。此事為非常之變，附和奸黨，均已明正典刑。康有為首創逆謀，罪惡貫盈，諒亦難逃顯戮。現在罪案已定，允宜宣示天下，俾眾咸知。我朝以禮教立國，如康有為之大逆不道，人神所共憤，即為覆載所不容。鷹鸇之逐，人有同心。至被其誘惑，甘心附從者，黨類尚繁，朝廷亦皆察悉。朕心存寬大，業經明降諭旨，概不深究株連。嗣後大小臣工，務當以康有為為炯戒，力扶名教，共濟時艱，所有一切自強新政，胥關國計民生，不特已有者，亟應實力舉行。即尚未興辦者，亦當次第推廣，於以挽回積習，漸臻上理，朕實有厚望焉。將此通諭知之。

此諭實后黨所擬，而名義則由帝出者。太后既懲辦新黨後，擬行幸天津，視察租界情形，兼事遊覽。榮祿力諫，言黨事初定，不宜輕動，恐有危險。太后允之，下諭收回前旨，並須賞於北洋軍隊。蓋當時直隸正竭力整頓陸軍，訓練頗勤也。榮祿入京後，直督以裕祿補授。其人極頑固，太后甚信任之。昏庸乖戾，不明事理。其後天津拳匪之亂，實所釀成，其去榮祿甚遠矣。

西人之論如此，尚不失榮祿之實際。蓋榮祿固不得不謂之有用人物也。

三十三、控鶴珍聞

（一）

予友著《濛汜室隨筆》，記同治帝遺詔立載澍，李高陽負恩事甚詳，頗與外間所傳帝崩時景象有異。先是，同治帝將立皇后，召滿蒙諸大臣女入宮備選。西太后獨喜侍郎鳳秀女，欲以中宮處之。鳳女雖豔秀絕儕輩，而舉止殊輕佻，孝貞及同治帝皆不喜之。侍郎崇綺女，年稍稚於鳳女，貌亦較遜，而雍容端雅，望而知為有德量者。孝貞深喜之，密詢帝意安屬，以崇綺女對，冊立中宮之意遂定。顧西太后獨深惡之。穆皇后氣度端凝，不苟言笑，穆宗始終敬禮之。宮中無事，嘗舉唐詩問后，后背誦如流，上益喜，故伉儷甚篤，燕居時曾無褻狎語。西太后以穆宗之敬后而薄鳳女也，益忿怒。每后入見，未嘗假以詞色，浸而母子間亦乖違矣。後乃禁穆宗不許入后宮，欲令鳳女專夕。顧穆宗亦不願常至鳳女宮，遂終歲獨居。有時侘傺無聊，宮監輩乃導上為微行，往往步出南城，作狹斜遊。上輒自稱江西拔貢陳某，與毛文達昶熙相遇於某酒館中。上微笑點首，文達色變趨出，亟告步軍統領某，以勇士十餘人密隨左右。上數日後見文達，猶責其多事。其後以痘疾，竟致不起，人傳為花柳病者，實非也。清宮禁故事，天子欲行幸諸妃嬪，必先由皇后傳諭某妃嬪，飭令伺侯，然後大駕始前往。諭必鈐皇后璽，若未傳諭，或有諭而未鈐璽，大駕雖至，諸妃嬪得拒而弗納，此蓋沿明制。明世宗自楊金英謀叛後，始為此制，以防不測也。穆宗患痘，已稍愈矣，忽欲往慧妃宮中——慧妃者，鳳女也——后不可，上固求之，至長跪不起。后念鳳女為西太后所歡，苟堅持，他日必譖我為妒，此非美名，乃不得已，鈐璽傳諭，上始欣然往。次晨，遽變症，召御醫入視，曰：「疾不可為矣。」后聞之大悔。其後之決計身殉，固由西太后之凌虐，然亦未始不緣於此。穆宗疾大漸，一日，命單召軍機大臣侍郎李鴻藻入見。鴻藻至，上即命啟簾召之入。時后方侍榻側，欲起引避。上止之曰：「毋須，師傅係先帝老臣，汝乃門生媳婦。吾方有要言，何必引避耶？」鴻藻入，見后在側，急免冠伏地上。上曰：「師傅快起，此時豈講禮節時耶？」因執鴻藻手曰：「朕疾不起矣。」鴻藻失聲哭，后亦哭。上又止之曰：「此非哭時。」因顧后曰：「朕倘不諱，必立嗣子。汝果屬意何人？可速言之。」后對曰：「國賴長君，我實不願居太后之虛，名擁委裘之幼子，而貽宗社以實禍。」上莞爾曰：「汝知此義，吾無憂矣。」乃與鴻藻謀，以貝勒載澍入承大統，且口授遺詔，令鴻藻於御榻側書之，凡千餘言，所以防西太后者甚至。書詔成，上閱之，猶謂鴻藻曰：「甚妥善。師傅且休息，明日或猶得一見也。」鴻藻既出宮，戰栗無人色，即馳往西太后宮，請急對。西太后召之入見，出詔草袖中以進。西太后閱畢，怒不可謁，立碎其紙，擲之地，叱鴻藻出。旋命盡斷醫藥飲膳，不許入乾清宮，移時報上崩矣。載澍後來得禍，此亦一大原因也。嘗謂高陽此舉頗類唐裴炎安其身，否則飽受凌虐，復不許告退。家素豐輒苦於津貼，貧瘠者更因以致命。若近侍臣，以至外省督撫、司道等有進獻者，或賜膳觀劇，悉應納金，等級至繁，有多至十餘萬者，稱為宮門費。清介無積蓄者每不屑為，則亦因之失慈眷。南書房翰林，本內廷文學供奉，俸入至清苦，且為翰林高選。凡遇宮廷賞賚詞翰及代擬應奉文字，內侍傳旨繳進，則檔與賄賂偕往。經手內監知有獲，始允進呈，即邀御賞，否即沈沒其物，恩眷亦漸疏焉。又每遇太后、帝之生辰及三節朝賀，王大臣及外省督撫，例進如意，或貢珍物，由內務府內監遞進。其過手費輒萬金或數千金不等，至少亦數百金。聞甲午歲剛毅運動入樞垣，製鐵花屏風十二面進御。時中外饋獻多，太后懶於遍閱，輒命內監照收而已。而剛毅必欲太后賞閱，賄近侍數萬金，因置屏風於宮中御道側。道駕過，內侍奏：「剛毅進屏風鐵花殊精奇，老佛爺曾賞覽否？」後頷之，命置寢宮，自此眷遇益隆。又商約大臣盛宣懷入為郵部侍郎，進江南貢緞及金銀器皿等，宮門費至十萬金云。故內侍等無不稱頌盛宮保者，慈眷之隆，正由於此。又聞內侍婪賄，李蓮英為之魁，須獨取十之七，其三成分給各內豎。則皆其黨也，不敢有異言。光緒帝之內監，則類多清苦異常，宮中有「冷皇帝、熱太后」之暗號。綜計李之家財，於庚子後八年中所得者，約有二百萬金鎊。蓋其先頤和園修造時侵蝕之費，尚不在內也。而慈禧所自積之鏹，始終未悉其確數，或言計共二百兆兩。蓋彼雅喜囤積，外無發放，故無人知其婪賄之總數。惟親信內宦掌之，其人則李蓮英。是諱莫如深，自難窺其底蘊。庚子聯軍之入都也，日本由大沽拔幟先登，首據頤和園，以保護為名。蓋踵庚申英法聯軍故事：圓明園寶藏，悉為二國所獲，分三等收取。高等歸獻國王，取其半，李取五分之一，餘交榮祿為發餉之用。此際因無宮禁規制及親王大臣等之糾察，李權益膨脹。故李意不願回鑾，且恐使館所開罪魁名單，將已列入，回鑾後即如甕中捉鱉，此亦阻撓回鑾之大原因也。時令其心腹內監蔡姓者，探京中消息，每日必報。後得慶王函，知李名不入罪魁，始不阻止回鑾。可見慈禧之行止，亦為彼所主持矣。聞當日各省解銀約五百餘萬，皆由李及其手下孫姓內監主管，抑勒婪索，無所不至。一日，湖北有解銀至，皆係元寶。李命孫監秤之，謂成色不足，須補水。委員辨曰：「湖北元寶皆足色，不致有錯。」孫監怒斥曰：「你解過幾次貢銀，知道什麼？」委員驚懼，然仍爭言不致短少。孫監大怒曰：「吾知爾之意，必以為老佛爺之秤是贋鼎也。此尚可恕乎？」正持秤欲擊之，太后聞之，走出，令孫監移銀入內，親平之曰：「予意近多走漏，故令太監覆視。免予受欺，無他意也。」委員懊喪而去，遇內務府大臣繼祿，訴之，繼曰：「我知爾已受苦。雖然，近日老佛爺防內監甚嚴，彼輩所望亦不奢，爾姑恕之。彼輩所蓄，殆已為拳匪劫盡矣。」委員不敢復言，太息而出。又粵東有進呈貢物二十四種，內監因勒索門包，退還九種。委員大驚，恐將來太后必責以走漏，不得不厚賄之，始允代呈。凡此弊竇，京中固常有之，而於西安行宮為尤甚。又內監多傾軋光緒帝以媚太后，常造種種謠言，以表襮帝之惡名。外間所傳帝年雖壯，猶有童心，恒與內監捉迷藏為戲，見太后至，則退匿屋隅。或有時動怒，則如發狂，輒擲磁器投人，傷者累累。此等謠言，實皆蓮英所編造也。回鑾後，太后漸傾向新政，蓮英亦見風使帆，變其舊說，自稱贊成維新，於軍機所定之預備立憲程式單，彼亦公然附和，可笑也。然其奸滑之意，輒露於詞色，彼敢以太后之變法為戲談，乃曰：「我們現在也成假洋鬼子了。」太后聞之，殊不怒而笑。婦人之見，誠不可解。後有兩廣督臣陶模奏請裁減太監。蓮英先知之，竟匿不上聞，直俟運動成熟，知太后決不允從，然後呈進。其把持之毒焰，可畏也若此。太后崩，蓮英年已老，猶擁厚資，與士夫往來，富貴福澤兼之，歷史上所罕有也。

（六）

光緒帝得痼疾，或云不男，故皇嗣終虛，然與珍妃感情甚摯，殆所謂非肉欲之愛歟？珍妃才色並茂，且有膽識，實女子中不可多得者。惜埋沒宮闈，厄於牝朝孱主，不克盡其才，雖然，名已傳矣。庚子之變，聯軍警信至，太后寅初即起，擬即西幸，身著藍布服，如鄉間農婦，且令改漢婦妝，梳髻如南人飾。且歎且語曰：「不意有今日也。」命雇平民騾車三，召帝與妃嬪齊集。將行，珍妃昂然進曰：「皇帝一國之主，宜以社稷為重。太后可避難，皇帝不可不留京。」太后怒甚，視之以目，忽厲聲顧命內監曰：「可沈彼於井。」內監即取氈裹妃，欲持去。皇帝哀痛已極，長跽懇求，謂：「彼年幼無知，幸太后恕其生命。」此時太后怒不可遏，曰：「速起，勿言。此時尚暇講情理乎？彼必求死，不死反負彼。天下不孝之人，當知所戒。不見夫鴟鴞乎，養得羽毛豐滿，即啄其母之眼，不殺何待？」蓋此語明斥光緒帝戊戌之事也。又曰：「予亦不欲挈之行，途中見之生恨，若留此則拳眾如蟻。彼年尚韶稚，倘遭污，莫如死之為愈。」內監知太后意已決，遂持氈裹推之寧壽宮外大井中。帝容憂戚，不敢哭也。及回鑾，慈禧見大井，忽追念珍妃。時推妃入井之內監尚在，乃斥之曰：「予向言珍妃遭亂莫如死，惟必死珍妃，乃一時之感憤。今見爾，想見手推時之殘忍，猶怦怦心動。」因謫此監於海子當苦差，人皆以為太後果仁慈也。其居心狡詐叵測如此。

（七）

庚子攻使館未成，而拳民戕德使克林德，以致釀成大辱。今京師東城有石坊，巍然建於道中者，即此大辱之紀念碑也。當時不知戕者為何人，豈知竟有極風趣之奏聞，表明此主犯為何人者，而當日且為之表功。奇哉！當時京中都察院，亦萬不可湔之拳匪罪魁也。聞都察院以此摺奏西安行在，留中未發抄，慈禧亦未加批。乃西安隨扈之一官，得此奇趣之奏摺，即抄送上海各報登載云云。奏摺略曰：

日內有日本人所雇偵探，在日軍領地當鋪內查出一時錶，上鐫「克林德圖記」。當鋪主人言：此乃一滿人名安海者所質，其人住內城車店內。偵探名曰得洛，本族營定字第八隊書記。查得此事，即報告於日人，立派人往車店內。以二三人先入內，立院中問曰：「安海在此住否？」有一人答曰：「予即安海。」乃立時拘去。審問之時，安海神志鎮定，毫無畏懼。問官問曰：「德國公使是否為汝所殺？」安海答曰：「我奉長官命令，遇外國人即殺之。我本一兵，只知服從長官命令。有一日，我帶領二三十人，在街巡邏，見一外國人坐轎而來。我立於旁，對準外國人放一槍，轎夫立時逃走。我將外國人拖出，已死。其胸前有一錶，我即取之。同事者有得其手槍者，有得其金戒者。我萬不料因此錶犯案。但我因殺國仇而死，心中甚樂。汝等即殺予以償命可也。」翻譯又問曰：「你那天是否醉了？」安海笑答曰：「酒乃最好之物，我尋常每次可飲四五斤，但那天實未飲一杯。你怕我要倚酒希圖減罪嗎？」安海真一忠勇之人，侃侃不懼。觀者皆為動容，覺中國軍中尚有英雄也。次日，即交付德人，於克林德被殺之地殺之。臣等思此事，理當奏聞。安海為國而死，當邀皇太后、皇上之憫惜，加以榮典。謹此具奏。

此奏不知何人領銜，想都老爺之英名，亦可與安海爭光也。此奏若在端、剛時代，定得傳旨嘉獎。

（八）

回鑾時之景象，有一部分為《泰晤士報》所登者，極有風趣。茲節潤其詞錄之：

十二月三十一日曉，全宮抵正定府，護送者馬隊一營，官員、太監甚眾，行李箱件等載有三千乘之多。一時旅館宿屋難容，從人至露宿。而天寒在冰點兩度下，行人嗟歎，瑟縮流涕，下級官亦幾無棲身之所。忽火起於行宮旁之廄中，幸即撲滅。一月三日啟行，從人皆有無色。蓋各懷歸志，不願居此受苦也。凡扈駕之王公、官吏，僕僕於凍裂不平之路中，狀至淒慘。而太后、帝妃、總管太監等，所行之路則不同。由西安至此，路皆碾以細泥，砥平鑒髮，時刷以帚。鋪路金每碼（二尺五）需費墨銀五十圓。平時道蕪不治，至此窮極鋪張，皆舊習之劣點也。然非此不足以表示專制國體之尊嚴。時太后自定九時半開車，蓋太后最信吉凶，每行動必選擇時日。且於家常瑣細事，躬親檢量，絕不煩厭，雖執國權四十年，斯事不廢，蓋天性然也。時京漢路之特別車，已由公司定妥，帝、后於七時半即至站。太后至，帝、后皆跪接。太后見為時尚早，乃查點行李及接見官員，並接見洋員。太后甚獎洋員之周到。故事：帝后行程多秘密，不許參觀。此次乘坐火車為破例，乃亦破例任人參觀，蓋亦開通變更之兆也。九時半啟行，凡列車二十一輛，其次序則首為貨車九輛，又有載僕役、騾轎等之車，又次為鐵路辦事人之車，再次則頭等車二輛，坐王公大臣，次即皇帝之特別車，又次坐榮祿、袁世凱、宋慶、鹿傳霖、岑春煊及內務府諸人，又次即太后之特別車，又次為皇后、妃嬪等之特別車，又二等車二輛，坐侍從太監等，又頭等車一輛，坐總管李蓮英，最後為傑多第之事務車。時鐵路總理為盛宣懷，其辦特別車，費殊不貲。太后及帝、后之車，皆以華麗新奇之黃緞裝飾之，各有寶座、睡榻、軍機廳等。各妃嬪皆備有極厚之簾幕，思想可謂周到，實則各妃嬪皆願眺覽景物，此等簾幕亦不大用之也。太后極迷信，欽天監謂：「擇定正月七日下午二鐘到京。」

太后遂囑傑多第，必須於此時辰到永定門，極為緊要，屢囑不已。於是傑請示保定府開車，必在七時，太后許之。六鐘已到車站，從人等之早更可知。顧天氣極寒凜，夜景奇麗，人馬戰慄，絕妙曉行圖也。諸臣以頭等車止一輛，擁擠不舒，擬加掛一輛，太后不許，遂止。然太后仍親到車內觀察，問諸人安適否，眾皆稱安。上午十一點半到豐台，太后大喜，但仍以到京時刻為念，時以己之錶對鐵路之鐘。傑多第於此地辭太后下車，太后甚贊其辦理妥當。此第一次坐火車，極為滿意，言日後當再乘之。又言：「蘆漢通車行正式開車禮時，當親臨觀之。」賞洋五千元以酬鐵路執事華、洋諸人之勞，獎傑多第以雙龍寶星。占者言太后當於馬家堡下車，且可遵祖宗遺制。故日中太后即下車，由永定門坐轎進城。一路繁華，然不勝今昔之感也。當太后下車時，停車場有極大之篷，裝飾美麗，中有金漆寶座，以備迎接兩宮之用。京內大員數百人，候立此地；另有一特別處，款待西人。車且至，遠望三十餘輛長列車漸近車站中。由車中一窗得見太后聖容，正察看周圍之情形。在太后旁者，則皇后、妃嬪及總管太監李蓮英。諸臣見太后已到，皆跪地上，西人則皆脫帽。第一人先下車者為李蓮英，即往檢點隨帶各省貢物，箱包積如山陵。既而皇帝亦下，體貌頗健。太后目之，即匆匆上轎而行。雖有百官在旁，並不接見一語。皇帝即行，太后始出，立於車端之臺上，小語云：「此間乃多外人。」略舉手答禮。慶王趨請聖安，王文韶後隨。慶請太后發輿，太后止之曰：「且緩。」立眾中約五分鐘，時精神頗矍鑠。李蓮英將箱件清單呈上，太后細視一周，復交於李。其所以不即登輿者，蓋為此也。旋允直督袁世凱之請，帶鐵路洋總管進見。太后謝其一路料量之妥善。洋總管退，太后始升輿，輿旁有一太監隨行，指點沿途景物。太后注視，道逢外人，太監呼曰：「老佛爺快看洋鬼子。」太后微笑不語。過南城，直入前門，至所謂關帝廟者，下輿入內拈香。太后跪於神前，有道士數人贊禮。時正陽門樓上立西人頗夥，下視院中，歷歷可睹。太后仰見之，俯首而笑，遂登輿直入大內。到萬壽宮，確係下午二點鐘也。亟命太監掘視前所埋藏之金寶，幸未移動。太后甚喜。因念珍妃死節，諭賜以身後之榮。蓋一則危而復安，亟思收拾人心。一則迷信之念，恐靈魂為祟，欲有以撫慰之也。諭中稱其德性節烈，因不能隨扈，遂自盡以死，不願見京城之破、宗廟之辱云云。即賜位號，升位一級。嗟乎！太后殆思晚蓋哉，與其注意新政同一用意也。

（九）

太后性奢靡，而實則不喜揮霍。西人記載，俱言其西幸以前，寧壽宮所藏之金銀，約有十六兆兩，而在西安及太原所收，當亦不下此數，或更多也。最奇者，至老而容色不衰，惟面略蒼潤，絕無皺紋，或疑其有駐顏術，自謂常服牛乳所致。所服牛乳，常濃厚凝結成酪，食量甚佳。侍者輒攻其多面首，得採補術，如夏姬之雞皮三少。然宮闈事移，殊鮮佐證。要之得天獨厚，頤養佳良，非尋常婦女可比也。性最愛裝飾，雖至六十歲後，猶似少婦凝妝，一肌一鬢，一花一粉，不肯絲毫苟同。昔小青病劇，猶起理妝，謂不可我生有一日不修潔其容。其人云「一生愛好是天然」，太后殆同此情性也。故每日時間之費於妝台者，約需十之四。晨起及午睡後或晚膳後，夏暑則浴後，浴又不一其時，凡此皆對鏡勻面，理鬢薰衣，貼花鈿，插玉搔頭之時也。其衣飾之奇麗，每日必易數次。織工繡法及顏色支配，備極精妙，必令於意適合，無一毫之缺憾。而珠寶鑽翠等之飾物，不下數千種，價值不可勝計。四方珍異之供取攜者，即窮人間之所有，而復能出其心思作用。俾配合穿插，動如人意，真可謂天之驕女矣。予友嘗給事宮園，某日傳見，瞥覘太后首戴牡丹一朵，淡粉輕煙，其巨如盞，與其紅潤豐腴之顏色相映帶，不覺目眩神悚，急斂抑神志，不復敢仰視矣。嗚呼！天生尤物，古人豈欺我哉！晚年嗜吸鴉片，面稍蒼白。但不多吸，每晚事畢，以為消遣之具耳。故其後下禁煙諭旨，謂年過六十之吸煙者，則可寬恕，此即推己及人，以為鴉片足為老年消閒娛樂之品而已。或云，太后暮歲，尚不忘房中術，藉鴉片以鼓練精神，此則非予之所敢斷也。

（十）

慈禧於戊戌後，憾光緒帝不已，雖不遽事廢立，而實際上待之如隸囚，未嘗假以詞色，然又一步不許自由，須處處隨太后行止，儼然一軟禁之重犯也。即如頤和園之居住，皇帝所居之室，雖與太后接近，而使繞道而過，又不使彼可自由出入。且皇后所居，亦與帝居隔絕，防閑之法，如此周密，誠可歎也。試觀德菱所記清宮事實，太后之於帝，可知其切齒腐心。謂太后雖喜悅，一見帝至，即面色冰冷，絕無笑容；而帝亦於平時活潑，至太后前，則直如童騃矣。噫！母子如此，洵敗徵也。德菱謂：每朝見皇帝，有暇時，必問予英文，所知甚多。余見皇帝，亦有興味，惟一至太后面前，則儀容肅默，或有時如一呆子；若一離開，儼然又是一人，蓋嬉戲玩笑，俱如常也。予從前聞人言皇帝無智識，不說話。余今日日見之，始知不然。予以為帝在中國，實聰明有智識之人，且腦力極足，必能做事，但惜無機會用之耳。外間每有多人問余：「帝究有知識勇氣否？」此問者係不知中國禮法之嚴，人子敬從父母之規矩，帝亦為此禮法所拘束，故不能絲毫發展耳。予曾與帝長談，漸知彼實一聰明人，且頗具堅忍之毅力，惟一生境遇不佳，心中因之鬱悶。又幼小之時，即身體孱弱。嘗語予讀書不多，但性情相近，乃天生一種音樂家，無論何種樂器，稍學即能。最愛批阿娜，常命余指點。正殿中置有極大之批阿娜數器，常供練習。又愛外國歌調，予教旁以華爾子簡調，帝鼓之甚佳。久之，乃覺皇帝實一好伴。帝亦深信余為人，常告以苦楚，講西方之文明，予乃驚其事事皆知也。又云：己之志願，欲求中國之發達。又愛百姓，各地方有水旱災等事，則憂形於色。外間謠言謂帝如何暴虐，皆不足據，此必太監等之偽造也。予未入宮時聞此言，既入宮，見帝殊非所聞之狀。帝待太監亦甚好，惟上下之分極嚴，帝不與太監說話時，則不許開口，又不聽太監之讒言。予在宮中久，乃知此等太監之極壞也。觀此一節，則知帝之無能為役，皆慈禧積威使之然耳。太史公所謂「猛虎在柙，俯首貼耳」也。昔嘗謂清制以禮節跪拜困天下奇才，今太后亦以禮節跪拜困大有作為之嗣皇帝耳。毒哉，女禍！

三十四、瀛臺起居注

（一）

瀛臺為南海子中一小島，三面臨湖，一面有橋可通出入。當戊戌政變事洩後，太后即誘帝至其處，謂：「赦爾一命，可居此中，不得與聞外事。」一面派心腹侍衛，嚴密防守，凡一舉一動，俱有人報告於太后。且最酷者，雖實際上與以幽禁，仍每日須用其木偶之身，使之臨朝，召見臣工，其苦正逾錮閉獨處者百倍。因既置之大廷廣廈之上，則聲音笑貌，無一而可也。維時帝乃如顛如騃矣，如聾如啞，人亦以顛騃聾啞目之，謂帝果無統治之才而已。八月八日，大集朝臣，帝向太后行三跪九叩禮，懇請太后訓政，此皆逼迫而為之，帝欲保其生命，則不得不屈從也。帝蓋自幼孱弱，膽力不足，內雖明白，終不敢出以冒險。且一次失敗，則神喪膽裂，視天下事皆可畏之境，太后如虎如狼，寧自屈抑，勿攖其鋒，所謂達心而懦者是。是日下午，榮祿以兵一隊，護送帝往月壇致禱，自是帝遂成一高等之祭司。《傳》曰：「政由寧氏，祭則寡人。」帝之謂歟？慈禧又恐輿論譏其殘忍，乃令太監於茶店中播為風說，傳帝種種昏庸不道、無端迷信西法，謀殺太后，輿論乃翕然以帝為非，以太后之再訓政為是，外人使館中亦信是說，帝遂益處於孤立地位矣。帝於一身外，雖皇后不敢與之道一密切語，何況他人？故此小島中之日月，雖玉步未改，宮庭如故，左右侍奉之尊嚴，表面絲毫未損，而實則無形之獨夫、高貴之流囚而已，較之魯賓孫之寂處孤島，精神上之苦痛，突過百倍。異哉！此眾叛親離之皇帝，絕非才德之問題，而權利之問題也，顧其時外人亦騰一種強硬之抗論，為太后之箝制，為帝之生命苟不保，外國政府必起干涉，太后頗以為恨。此即端、剛崇信拳匪之言，所由乘間而入也。未幾，太后乃以帝病詔告中外，一方面延請名醫以證實其事，亦彌縫再起訓政之一術耳。

（二）

慈禧以帝名義降諭，謂「自四月以來，朕即覺違和，至今日病勢未能輕減」云云，各省乃紛紛應詔求醫。江蘇巡撫乃送名醫陳蓮舫入都。陳到京後數日，即由軍機處帶領上殿。叩稱畢，跪於下，太后與皇帝對坐，中置一矮几，皇帝面蒼白不華，有倦容，頭似發熱，喉間有瘡，形容瘦弱，鼻如鷹鉤，據陳意，頗類一西人。太后威儀嚴整，一望而知為有權力之人，似極以皇帝之病為慮，小心看護，貌若慈母。故事：醫官不得問病，太后乃代述病狀，皇帝時時頷首，或說一二字以證實之。殿庭之上，惟聞太后語音。陳則以目視地，不敢仰首。聞太后命診脈，陳始舉手切帝脈，身仍跪地上。據言實茫然未知脈象，虛以手按之而已。診畢，太后又接述病情，言帝舌苔若何，口中、喉中生瘡若何，但既不能親視，則亦姑妄聽之而已。太后語畢，陳遂叩頭謝恩而退。又以病案及其治理調護之法上呈軍機處，轉奏於帝。陳所開案，先言帝之氣體熱度等，又述呼吸器病已十餘年，又言發熱則由於身虛心勞之故。方藥則係飲片數種，及調養身心之故，亦不知皇帝果服與否也，陳既以年邁，不甘受拜跪之苦，且如此診治，毫無把握，乃急欲出京回籍。惟官差重大，不得進退自由。後以法行賄於太監，自陳年老多病，不能留京之故，太后亦不問也。蓋當時各省延醫甚多，留京者尚有十餘人，去一陳未必動宮庭之疑。但不行賄，則內監等勢將挑拔，令太后動問，則恐生變耳。故陳知其竅，行賄而免，決無後患也。是時，慈禧實有廢立之意，風示各省督撫，使之贊同。而兩江劉坤一、兩湖張之洞，皆上奏反對其事。上海公民推經元善為領袖，上書激切言不可廢立之事。太后震怒，命捕經治罪，經逃之津門以免。慈禧又以帝名義降諭，罷免新政，諭謂：

朝廷振興商務，籌辦一切新政，原為當此時局，冀為國家圖富強，為吾民籌生計，並非好為變法，棄舊如遺，此朕不得已之苦衷，當為臣民所共諒。乃體察近日民情，頗覺惶惑。總緣有司奉行不善，未能仰體朕意，以致無識之徒妄相揣測，議論紛騰。即如裁併官缺一事，本為陶汰冗員，而外間不察，遂有以大更制度為請者。舉此類推，將以訛傳訛，伊於胡底。若不開誠宣示，誠恐胥動浮言，民氣因之不靖，殊失朕力圖自強之本意。所有現行新政中裁撤之詹事府等衙門，原議將應辦之事，分別歸併以省繁冗。現在詳察情形，此減彼增，轉多周折，不若悉仍其舊，著將詹事府、通政使、大理寺、光祿寺、鴻臚寺等衙門，照常設立，毋庸裁併。共各省應行裁併局所冗員，仍著各督撫認真裁汰。至開辦《時務官報》，及准令士民上書，原以寓明目達聰之用。惟現在朝廷廣開言路，內外臣工條陳時政者，言苟可採，無不立見施行。而章奏競進，輒多摭拾浮詞，雷同附和，甚至語涉荒誕，殊多龐雜，嗣後凡有言責之員，自當各抒讜論，以達民隱而宣國是。其餘不應奏事人員，概不准擅遞封章，以符定制。《時務官報》無裨政體，徒惑人心，並著即行裁撤。大學堂為培植人才之地，除京師及各省會業已次第興辦外，其各府、州、縣議設之小學堂，著該地方察酌情形，聽民自便。其各省祠廟不在祀典者，苟非淫祀，一仍其舊，毋庸改為學堂，致於民情不便。此外業經議行及現在交議各事，如通商惠工，重農育材，以及修武備、浚利源，實係有關國計民生者，亟當切實次第舉行；其無裨時政而有礙治體者，均毋庸置議，著六部及總理各國事務衙門詳加核議，據實奏明，分別辦理。方今時勢艱難，一切興革事宜，總須斟酌盡善，期於毫無流弊。朕執兩用中，不存成見；大小臣工等，務當善體朕心，共矢公忠，實事求是，以副朝廷勵精圖治、不厭求詳之至意。將此通諭知之。

於是帝所經營百日間之新政，一切推翻，而淒涼寂寞之小島中，黯然無色矣。

（三）

瀛臺本為帝、后避暑之所。戊戌政變後，太后驅帝於此，無分冬夏皆居之。每日朝罷，即賜一籐椅，置台中，令帝據其上，中宮及妃嬪皆隔絕，不許通聞問。苟離籐椅，則左右監視之太監必報知。若動筆墨及閱視書籍，尤懸為厲禁。帝遂借癡騃孩氣以自韜晦。一日，帝見海子中水鳥飛翔，佇立良久，忽顧命太監，欲得彈弓取中，以為消遣取樂地。蓋內監中恒有此器，帝固見之熟也。一小內監不知利害，聞帝有命，欣然往室中取出以授帝。帝援弓發丸，果得中二小鳥。正娛樂間，不知已有他監報於太后，太后命監問訊：「孰敢以彈弓獻帝，導為淫樂？」小內監聞之，色變，知不免，乃自投於海子中以死。太后聞之，猶罰其他監視者數人，或笞或苦差，無一免者。自是，帝有所命，內監充耳不聞矣。

（四）

日本某軍官，庚子聯軍入京時，曾任軍事駐京數月者也。自言管領乾清宮一帶地，捕獲一內監，拘禁之，詢以連年太后待帝情狀，能舉一事者，予以銀幣一枚，否則殺無赦。內監乃曰：「宮內承值，向分班次，數月或數日一易，予輩固不能常在帝后之側也，故予自戊戌冬季至己亥秋間，僅入值五次。又以位分卑，不能窺見個中真相。然有二事常映於腦中者，至今猶耿耿不忘。一日，大雪，太后方居慈寧宮，帝在瀛臺，約日禺中時，太后忽命內監攜狐裘一襲賜帝，諭曰：『爾可為帝言：老佛爺念萬歲爺寒冷，得此裘當溫暖。今日雖大雪，正吉日也。此裘鈕扣皆係金者，乞萬歲爺注意。』又曰：『下二語須續續言之。俟帝答何語，歸以報予。』內監領命，以裘進，如太后旨。帝曰：『吾知之。』內監仍續言不已，至於十數。帝怒曰：『吾已知之，爾可歸報太后：太后欲吾自死耶？此必不能也！朕得裘，方慶溫暖。鈕扣金則金耳，於朕何與？』某覆命，太后聞之，色頓變，意不怡者累日，自是見上色愈厲，防閑愈密矣。此一事也。又一日，適為小除夕。宮中故事：例設湯糰食之，以為吉祥。帝朝慈寧宮，后命以一盎賜帝，計五枚。帝食華，問：『湯糰佳乎？』答曰：『佳。』后命再進五枚，又食盡，復令重進。帝蹙額曰：『飽欲死，實不能食矣。』慈禧作色曰：『予賜汝食，汝可違乎？汝既言佳，又安可不食？』帝勉強食盡，而不能下嚥，乃窺太后面他向時，即盡吐於袖中。三碗既畢，復連進兩碗。太后方因他事料量，不復賜與，帝均佯食。及回宮時，兩袖累累皆湯糰云。此又一事也。」

(五)

己亥冬，太后與左右密謀廢立。意既定，遂先以溥儁為穆宗嗣，諭軍機草詔進。后在慈寧宮召帝入，以詔示之。盛氣謂曰：「汝意若何？」帝叩首曰：「此素願也。」太后曰：「汝既願之，曷繕此詔，行將發佈。」言已，命內侍以朱筆進，囑帝照錄一通。詔曰：

朕沖齡入承大統，仰承皇太后垂簾訓政，殷勤教誨，鉅細無遺。迨親政後，正際時艱，亟思振奮圖治，敬報慈恩，即以仰副穆宗毅皇帝付託之重。乃自上年以來，氣體違和，庶政殷繁，時虞叢脞。惟念宗社至重，前已籲懇皇太后訓政。一年有餘，朕躬總未康復，郊壇宗廟諸大祀不克親行。值茲時事艱難，仰見深宮宵旰憂勞，不遑暇逸，撫躬循省，寢食難安。敬溯祖宗締造之艱難，深恐勿克負荷。且入繼之初，曾奉皇太后懿旨，俟朕生有皇子，即承繼穆宗毅皇帝為嗣。統繫所關，至為重大，憂思及此，無地自容，諸病何能望愈？用再叩懇聖慈，就近於宗室中慎簡賢良，為穆宗毅皇帝立嗣，以為將來大統之畀，再四懇求，始蒙俯允，以多羅端郡王載漪之子溥儁繼承穆宗毅皇帝為子，欽承懿旨，欣幸莫名，謹敬仰遵慈訓，封載漪之子為皇子。將此通諭知之。

此等傷心之文，為歷史所僅見。諭中不獨使自言甘心引退，且以其死刑明告於眾，慘何如也！且又不得不謝聖母之恩。慈禧徒以一念之私，遂不惜加害於帝身，以期達其志，亦云忍矣。相傳帝以朱筆勉錄一過。色沮手顫，屢擱屢起，始能竣事。忽咯血不止，幾暈仆於地。后惻然曰：「汝宜保重。」蓋此時后亦良心發現，不復能舉其傲狠之盛氣以臨之。向之劉季述之幽唐昭宗，陳敬則之逼齊末帝，殆又有過，雖無屬毛離裡之親，而名分上乃係母子，亦覺良心上太過不去。嗚呼！忍哉！旋太后命內侍以籐椅至，親為整理枕

間溫之，或贈以律詩一首。結句有云：「百八牟尼親手掛，朝回猶帶乳花香。」亦趣聞也。夔龍督直時，每歲必致冰炭，敬數萬，幾去其所入之半，其他緞匹、食物、玩好等不計。老慶曾從容言：「爾亦太費心矣，以後還須省事為是。」夔龍則敬對曰：「兒婿區區之忱，尚煩大人過慮，何以自安？以後求大人莫管此等瑣事。」老慶莞然，蓋默契於心也。夔龍無子，夫人妒，不許置姬侍。老慶憐之，欲賜以一婢，然恐女不願，試詢之。陳夫人果涕泣跪陳所苦，老慶遂不復過問，後一女死，喪儀糜費，逾於貴宦。老慶賜以冥器全副，凡第宅、車馬、玩器俱備。最奇者，特延江南巧匠製一美男子、衣冠楚楚，翎頂輝煌，謂之鬼婿以配之，蓋夔龍女尚未字人也。時慶之門如市，凡外省運動官缺，皆有價值等差。前門外某金店為之外府，而夔龍則其特別掮客也。御史江春霖骨鯁自矢，奮起參劾，中旨惡其詆毀大臣，罷職而去。都下爭誦其文，醵資為之祖餞。江氏有詩紀老慶醜史，有云：「兒子弄璋爺弄瓦，寄生草對寄生花。」蓋其時慶子貝勒載振亦受段芝貴者為乾兒。段之年齡固長於振，群哄傳以為異，而陳夫人小名某花者也。其一則為陳璧。璧未得郵部時，頗窮窘。然戚某在京中設金店，常出入慶邸，謂之曰：「子苟肯於此一費心思，吾必當全力相助。他日富貴，幸勿相忘可耳。」璧願求導線，戚乃令璧主其家，漸媒介與邸中人游談。一日，戚得東珠鼻煙壺數事，重寶也，乘間獻之老慶。慶問價幾何，戚言：「此某戚陳道某所獻。」慶駭曰：「素昧生平，安可受之？」戚言：「彼與某爺交久，誠敬欲見老王爺，特未敢造次耳。」慶笑納之，囑暇日來。璧因入拜座下，備極諛媚。老慶大喜，璧因求為乾兒，復假某戚金五萬以獻焉，老慶許之。於是由道藩一躍而入為侍郎，且郵部尚書矣。戚某遂攫得鐵路局局長。璧有妾六人，其第五妾頗風格，喜讀書談時務，且好習外國語言。侄某者曾留學東瀛，年少美豐裁，學業優異。五妾慕之，時與談論，求其指示，意甚殷拳。蓋以智識相切磋，實毫無他意也。璧偶見之，不無猜疑。而僕某者，喜挑撥，為侄所斥，五妾亦惡之。僕因譖侄與妾於璧。璧恨甚，乃使僕人夜殺侄而沈其屍於井。侄故供差陸軍部，部僚欒與為友。忽數日不出，咸來問訊，家人答以不知，終莫明其究竟。同僚乃畢力探訪，微聞其事，乃訴於法廳。時京師已試辦檢察廳。既起訴，正擬查究，會革命事起，璧避之天津，事幾寢矣。民國既定，始有發其覆者，乃出屍於井，用法驗之，繫用刀殺斃，然後投之井中者。乃拘璧及五妾、僕人等研鞫之。時慶已失勢，而璧因金錢之力，卒歸罪於僕而已得釋焉。聞慶居津門，璧輒避道而過，不一存問也。殆所謂利盡交疏，即真父子且或暌乖，況假父子耶？

（二）

慶於七十誕辰，大開祝典。各省長官以下，及京中尚、侍以下，皆納資為壽。慶陽戒其屬勿收禮物，而陰則署一冊籍，判禮之厚薄多寡為四級：一福字冊，凡現金萬金以上及禮物三萬金以上者入之，另存其名手摺中。二祿字冊，凡現金五千以上及禮物萬金以上者入之。三壽字冊，凡千金以上及禮物值三千金以上者入之。四喜字簿，凡現金百金以上及禮物值數百金者入之。其物不滿百金者列為一冊。壽言、詩文、屏幛、楹聯，亦列冊記之。聞所受現金計其總數，不下五十萬，禮物不下百萬云。然三日中自福晉以下所賭麻雀，統計輸出之數，亦在三十萬左右，其數良可驚矣。有四川候補道某者，粵人也，家本富豪，意在調署一海關道以為榮。蓋其家人婦子之見地，俱以海關為有名譽之官缺，苟得之，勝於其他長官百倍。故某意務欲得之。聞慶王好貨，苟滿其欲壑，無不可如志，乃輦金二十萬來京中祝嘏。先以現金十萬為壽禮，而門包僕費亦去三萬金。嗣又悉李蓮英之能納賄也，更遣人至粵，取二十萬金來，悉數入宮。於是慶王之福字冊上，某竟裒然居首。陳夔龍聞之，亟補送四萬金，而已無及矣。蓋夔龍先止送六萬金也。誕日，慶延某人，置酒奉為上賓，固素未謀面者，同寮亦無一人相識。振、摶聞其為囊家也，誘與博，一擲萬金。顧某生長粵東，粵故賭窟，此事殊慣技，邸中人非其敵，某竟獲博進十餘萬金。及去，同人耽耽有垂涎意。明日，某遣人饋振、摶等玩物數事，中有鑽戒、珠壺、玉玦等，計其值，蓋較博進者過數萬金，眾始服某之識機也。越日，某更約振、摶等宴於某所，珠圍翠繞，窮極豪奢，一夕蓋六千餘金去。不半月，某果得甌海關道。出京時，往慶邸辭行，獻一四川邛州方竹杖，云：「可以扶老，以為紀念。」杖中空，有銀券三萬兩云。慶於是喟然曰：「此誠可兒也。」

（三）

慶自革命後頹喪欲絕，宣統帝既宣告退位，彼聲言必以老命殉國，實則口硬骨頭酥耳。於是家人親友，俱勸之出京，往居津門，聞其產寄頓外國銀行者，約在三百萬左右。

於壬子正月十三日出京，係其親家孫寶琦所力勸。慶初意尚欲老死宮門，而孫親家則強令其家人捆載行李，雇攬大車，凌晨轣轆出正陽門而去。去未數時，而其諸子中歷娶各種寶寶最有名之摟二爺，及在花柳界足與摟二爺相伯仲之隆五爺，竟率領大車數十輛，又某外國兵數名，直入老王之宅，分載財寶以去。到東交民巷某處停車，則各仿照梁山泊中之大秤分金銀法，一一瓜分而散。惟時載摟常挾美妓往來京、津間。北京韓家潭中有慶餘堂小班者，摟二爺夙游之地。班主曰：「牛皮阿大」，龐然大物，服御豪侈，總領八大胡同之風月，殆亦七十鳥中之親貴也。二爺所結識之諸寶寶，多為牛皮阿大所拉之皮條。民國肇建，阿大雖已移其連絡親貴之手段，媚結新國人物，然有時尤不忘舊恩，諂事摟二爺甚至。凡摟二爺之來蹤去跡，阿大特守秘密主義。然遇秘密偵探，則其秘密終須揭破。蓋慶餘堂中有一名花曰「花豔紅」者，實最後與摟結不解緣者也。民國元年之秋，大總統命令：「鑲紅旗副都統載摟，因病呈請開缺，著准其免職。」云云。此實民國成立後，老慶子姓之名字，得見於公文書中之第一次也。當日老慶記之兩小老班，既將老主人之遺產實行民生主義以去，及老慶復歸，則大觀園中物事，遂已抄洗一空。其老家人如焦大、王善保、周瑞之流，乃告以璉二爺、珍大爺之所為。老慶歎息而言曰：「他們拿去，也就罷了。」神色陽陽如平常，絕不似好貨寡人之口吻。於是乃有慶黨之人物，為其主辯護曰：「可見慶王並不要錢，特漢人作壞，葬送之耳。」此人乃大守民族主義，漢人某君語之曰：「君言誠然，但譬之妓然。高抬身價之妓女，雖未出門拉客，而客自以金窟奉之。君寧得謂此妓不要錢耶？」慶既僑寓天津，實行其頤養主義。平常大抵聚福晉、格格等打麻

三十六、倚翠偎紅

晚清政界趣聞，實推慶邸二子為最。前所述者，略見一斑，然尚未及其正文，正文惟何？則振之楊翠喜案，而配以摟之紅寶寶是也。但振為惟一之翠，而摟乃紅不一紅，好看煞人哉，此紅紅翠翠相映帶也。初，振常往來京、津間，與外省官僚游宴，號稱通達時務，名譽鵲起。蓋振曾出使，賀英皇加冕，有《英軺日記》之著述，一時風頭頗健。又年少好交遊，群小趨附，公然以太原公子自居。有鹽商王竹林者，工於諂媚，以依附貝子之末光為榮，遂吮癰舐痔，無所不至。會北洋派中之末弁段某，懷挾運動之野心，思拜慶邸門下而無其由，時於冶遊隊中得晤此太原公子，因畢力拉攏，得遂其願，乃竟以年長幾倍之身，蔭庇於美少年之宇下，而謂他人父。此猶不足，乃憐少父之無庶母，而物色風塵之外，得一色藝雙絕之女伶以獻之。於是曲意承歡，嚴君大悅，養子遂樹高牙大纛，建旗鼓以獨當方面矣。振本愛觀劇，尤喜頓脫家風，見楊翠喜妖豔動人，偶露詞色，其大養子遂以鹽商之媒介，親置此少父於尤物之房中，交情火熱，自當貯以金屋。王竹林銳身自任，為之摒擋脫籍。於是香巢賭窟，一以貫之，迷此太原公子於溫柔鄉中，此間樂不思蜀矣。無何，鼓鐘於宮，聲聞於外，彼鐵面無情之惡御史，不顧人家好夢，忽然大聲疾呼起來，

「吹皺一池春水，干卿底事」，都老爺誠不解事人哉。白簡一聲，春雷起蟄，中朝為大官顧惜名譽，不得不交查辦。於是津門之三不管中，有一人來管起。此太原公子之東車站遊興，忽然為之打擊，殆如「漁陽鼙鼓動地來，驚破霓裳羽衣曲」也。於是，全隻紙老虎盡被鐵御史觸穿。外間物議沸騰，鬧得老慶也動怒起來，說：「你是朝廷大臣，如何這樣不顧面子？」振大爺不得已，把此事都推在鹽商王竹林身上，輕輕將此位色藝雙絕之尤物，也送給這大腹賈了。那大養子更不敢出頭露面，好像一些沒有關係的樣子。於是朝廷所派查辦之大員，按照常例覆命，恭恭敬敬呈上八大字，謂之：「事出有因，查無實據。」一天風雨，從此消滅。但可惜如火如荼之振大爺，竟免尚書之職而下臺矣。哀哉！楊翠喜必自咎曰：「是妾命薄，害了公子。」嗚呼！「門前冷落車馬稀，老大嫁作商人婦。」竹林之幸，而翠喜之不幸也。

若夫摟二爺之於紅寶寶、蘇寶寶則異是。今日八千金娶一名妓，明日一萬金又娶一豔姬，予取予求，自適其適，絕無政治之臭味，或者於新聞紙中，譏其驕奢淫佚，咒詛老慶，以為悖入悖出之報，不知此乃村婦罵人口吻，於跌宕自喜之二爺，無毫末損也。後聞兩寶寶不睦，竟鬧出許多笑話來，以至二爺左右為難，乃遣之南下。異哉！終與振大爺之豔史同為一場春夢。彼由外鑠，此則內潰。嗚呼！女禍烈矣。或取某御史詩句，改竄成一聯云：「兒自弄璋爺弄瓦，兄曾偎翠弟偎紅。」一段佳話，歸結有清二百六十餘年之國祚，較之陳圓圓、寇白門、董小宛、顧橫波輩，便宜多矣。雖然，今之紅、翠尚在，試使一談往事，必不勝其天寶宮人之感也。

三十七、某福晉

自慈禧有致毒慈安之嫌疑，談者皆謂與名伶楊月樓有關係，然究不知其確否。惟宣統之季，復有某福晉與小楊月樓私通，偕往漢口漫遊之怪劇。初，某福晉好觀劇，而尤好小楊月樓之劇。以楊月樓有父風，丰姿、態度、身手，無一不臻美善。某福晉日往廂樓獨坐，凡宮中供奉及堂會，尤無不注意。後遂招之邸中，結為膩友。某貝勒心勿善也，而怵於閫威，亦無如之何。某歲夏，漢口忽來一貴遊，聲勢煊赫，自稱貝勒，所攜眷屬曰福晉，日事遨遊，殊不與官場通往來。眾咸異之，或告於瑞澂。澂命人往覘之，彷彿言是某貝勒。澂駭曰：「某貝勒來此，而不告我耶？」欲自往拜之，幕客某止之曰：「是必有故，得勿福晉為真相，而貝勒則贗鼎耶！」澂憬然若有所悟，乃使警廳密為防範，而已則微服往窺之，果非貝勒；及福晉出，則似曾相識，確為某邸中人物也。於是令警廳出其不意，捕男子出，福晉未之知也。警長嚴詰之，始供身係伶人，為福晉所劫，令與俱來，冒貝勒非己意。正研鞫間，忽澂遣人傳語：「已得京中急電，訪問福晉消息，今姑拘留此伶，由我電請京中，得復辦理可也。」旋得電「速令回京，勿事逗遛。誠恐體面攸關，徒滋眾口，自不必在漢口辦理」等語。乃遣人以電示福晉，懇其即日返京。福晉猶大言：

三十八、磨盾秘聞

(一)

咸、同間，有忠親王僧格林沁者，武藝蓋世。時率兵平撚，駐紮山東濟、歷間，門下食客以武技名者數十輩。有販羊肉者，衣服破敝，肩荷擔一，每日過門以為常。一日早歸，日未晡，下擔憩息邸門外，出胸旁所插短煙桿，盛以煙，燃火吸之。府門左右間石狻猊二，販夫倚之，且弄其所銜煙。吸畢，突趨而問閽者曰：「吾聞王善武藝，且門下多材，其技果何若耶？」閽者置不理。再三問，閽者益鄙之，掉首入內。販夫怒，舉石狻猊各旋之北向，遽去。閽者出見，怪之，思必販夫所為，驚且懼。時王適他出，閽者恐歸受責，奔告食客。食客思旋使復原狀，卒不能動少許。方喧嚷間，王歸見而異之，以問閽者，閽者以實告。王曰：「人可致乎？」閽者曰：「晨必經此。」王曰：「宜留之。」次晨，販夫來，報於王。王出，令其復旋之南向。販夫執石狻猊足，以肩腹荷之使旋，如舉桌然，王稱善者再。既顧見擔中盈羊肉，命買二斤。時肉值低，每斤不過三十錢。王命僕往取錢，不計數，竭僕之力取之以與王。王以二指攝立持之，太前足趨後，太後足趨前。

顧命販夫取之，不能動；力取之，終不出一錢，以擔繩貫指下，向抽之。王見繩將絕，販夫汗涔涔下，恐前仆也，命已。出錢，錢已十八九碎。販夫乃伏拜謝罪。王曰：「子所謂質美而未學者也，然亦難矣。」命贈錢十貫，布十匹，遣之。此事某先生為予言。先生固昔日之投筆從戎，久歷行間者也。先生復談數事，因並志之。

（二）

同治六年十月，銘軍追捻匪至贛榆縣。時捻勢已促，而渠魁任柱殊死戰。部下有潘貴陞者，與銘軍馬隊營官鄧長安為中表親，久陷捻中，忽願投誠，密語鄧：「自矢刺任柱為贄，功成乞上賞。」鄧攜見劉銘傳，劉諭不必剃髮，如得手，保二品官，賞三萬銀。是日下午，中軍駐縣西門外，左、右軍駐東南、西南兩處。正造飯間，探報捻大隊由東南來，即拔隊迎擊。任柱禦之，未交綏。潘見任柱來，馳馬迎之。任問：「何以得回？」潘曰：「中表鄧某保留得不死。」問：「何以不剃髮？」潘曰：「我偽對劉帥言，留髮以便出入兩軍間，勸大王降也。」任問：「劉帥現在何處？」潘指從西來有白龍長旗者，即劉帥坐營。任即傳令攻之，潘出不意，奮手槍擊其背，斃焉，遂急馳回陣報劉帥。劉不信，將斬之。潘曰：「且復覘之。任柱死，其隊必嘩亂；若不嘩亂，則任未死，大帥殺我未晚也。」頃之，賊隊果嘩囂而退。左右兩軍合擊，大破之，追殺四十里，斬萬餘級。有黃旗馬隊善慶者，舊隸僧王部下，王薨，遂從劉。其時亦迎擊，爭潘功以為己功，得上賞，而潘遂僅得三品官、二萬銀矣。故奏報中死任柱者為善慶，非潘貴陞。同時有偽衛王李永，偽曾王賴汶光，皆被官兵擊散。永逃，往投李世忠，世忠縛獻安徽巡撫，斬之，賴汶光逃往揚州，為華字營統領記名道吳毓蘭擒，斬之。

（三）

皖人朱某者，讀書應試，年逾冠不能青一衿，忿而棄去，從軍為書記。輾轉數年，隨大軍度關隴，隸統領陳姓麾下。統領係記名巴圖魯，饒具武勇者也。朱年少，貌翩翩，性秉和藹。統領甚倚重之，為同僚所不及。一日，統令忽獨召朱入，夜飲極歡，既醉，留與同榻，朱不可，拔刀將殺之。不得已，勉從焉。及登席，始知統領為女子，且處女也，大樂。朱由是每夕必宿統領所。同寮咸鄙之，以朱必為龍陽矣。無何，統領腹漸大，將產矣。大懼，無策，又不敢冒昧墮胎，商於朱。朱慫恿直言稟大帥。時征回事急，左文襄督陝甘。朱乃舉木蘭故事為言，謂必不見斥，從之。文襄得稟，大驚異。欲奏聞，幕僚止之曰：「古今時勢殊異。今朝廷方猜疑漢人，恐事涉欺罔，反因之得罪，不如其已。」乃命朱襲陳名，統其軍，陳於是易弁而釵矣。後朱從征回國，得功升提督。請歸家，更納二妾。陳大怒，挾其資財與所生子居甘肅省城，遂與朱絕。初，將軍多隆阿由湘入陝，道出荊子關。軍中募長夫，有童子應募而來。面黧黑，且多痘瘢，且碩大多力，人絕不料其雌也。初入營牧馬，繼拔為正目，得洊升至記名提督巴圖魯。雄飛十年，一旦雌伏。奇矣。江夏范嘯雲遊戎，曾隸其麾下，言其為人豪爽，絕無巾幗氣，獨喜與文士談。其以身事朱，殆即賞識於牝牡驪黃之外者也，洵奇人矣。某君欲為作《鐵馬傳奇》，未果。朱之好色而背此英雄，令佳話不完，寧非薄幸之小人哉！

（四）

湘、淮軍中為激勵部下計，保獎極濫，部冊載記名提督八千人，總兵不下二萬人，副將以下，則車載斗量，不可勝數矣。故提鎮大員，苟欲得實缺，非督撫密保不可。有桐城人陳春萬者，農夫也，多力而有膽。同治初投湘軍，隨大軍轉戰出關隴，亦保至記名提督巴圖魯黃馬褂矣。左文襄頗喜其勇，然以其無智慮，又不識字，十年來位不過營官，不但無簡任之望，且並數營統領而不可得，鬱鬱不自聊。文襄既出關，陳營又裁撤，更無賴，貧不能歸。迨文襄班師回任，陳欲面求一差委。及見文襄，忽向之稱賀。陳駭曰：「標下來求中堂賞飯吃耳，何賀之有？」文襄曰：「爾尚不知耶？爾之印較我印大且倍也。」陳愈不解，文襄乃命設香案，命陳跪聽宣旨，始知已特簡肅州鎮掛印總兵。廷寄到已數日，正覓其人不得也。清制：掛印總兵，體制尊崇，與尋常總兵迥異。其制蓋始於雍、乾時用兵西南，年兵諸帥所奏請，例准專摺奏事，不受總督節制，如定化鎮總兵，乃掛定邊左副將軍印之類。時文襄頗疑陳以同鄉情誼，密求李文忠而得此缺，甚忌之。蓋因肅州鎮出缺時，例由文襄奏報。即隨摺報二人以進，而皆未用故也。後始聞內廷人言，是日，軍機開單呈請簡放時，帝筆蘸朱太飽，未及見文襄所保之人，而朱墨已滴於陳名之上，帝遂下筆補之曰：「即此可耳。」陳乃得之意中外，亦世俗所謂巧運也。不二年，謝病歸。蓋齮齕者多，終不克安其位。

（五）

張勤果公軼事頗夥，某君偶述之，乃最書其略如下：公諱曜，字朗齋，本浙之錢塘人，世居吳江同里鎮。少年斥弛不羈，恒見惡於鄉里。一日為其戚陳批頰而訓之，乃大悔恨，走河南，投其姑夫光州知州蒯某。蒯以其無業，不之禮，月給數金豢養而已。勤果壯偉多力，食兼數人，署中兩餐不得飽，乃日私食於市，所得金輒不敷，而衣襤褸不顧也。時髮捻交哄，各省戒嚴，光之紳民募鄉兵為捍衛計，請於州守，委一人統之，合署無願任者。勤果請行，蒯許之。遂部勒鄉兵壁城外。未幾，有捻之大股竄州境。勤果率所部遮擊之，斬獲無算，捻遂潰。蓋為僧忠親王所敗，尾追而至此者。賊退而王至，勤果率眾跪迎道左。王壯之，詢擊賊狀，大喜，立畀五品翎頂，以知縣列保。不二年，薦至河南布政使。因得罪巨紳劉姓，劉族有為御史者，劾以目不識丁，奉旨改南陽鎮總兵。仍統所部號為嵩武軍者，累立功於河陝、關隴間，擢提督。光緒初，入衛京師，膺慈眷，授山東巡撫。值歲大饑，勤果捐兼俸，並集巨貲以振之，全活無算，山東民至今感之。劉御史後為知府，被劾歸，貧無聊賴，乃與勤果通殷勤。勤果歲必以巨金貽之。其書報，則鈐以「目不識丁」四字小印，亦謔矣。勤果後被劾，發憤讀書，延通人教之，文學大進。其書法尤勝，有顏之骨、宋之肉，頗秀健，尺牘亦雋語絡繹。或云其夫人甚通翰墨，得於閫教者為多。勤果最敬禮其夫人，終身不置姬侍。相傳有同官自誇不畏其妻者，勤果色變曰：「子毋然，夫人可不畏耶？」其風趣類此。

（六）

勤果之部將有孫金彪者，亦奇士也。與勤果同鄉里，居盛澤鎮，未達時即以勇俠稱。父名孫七，精拳技，恃博為生，有槍船四五十艘。槍船者，首銳棹雙艫，瞬息百里，鷁首置大銃一，中藏四五人，內河寇皆恃此為利器。七有德於鎮，鎮之人無貧富，皆服焉。七既死，金彪年僅十四，入武庠為諸生，群槍船仍奉之為主，設博場於鎮。金彪年雖少，獨能以兵法部勒其眾，刑賞無所私。時蘇城已為粵匪所踞，鎮有富人黃某者，慮賊來鎮劫掠，密通款於嘉興賊酋，得偽檄，民賴以安。是江浙商販自上海出入於賊中者，輒以盛澤為樞紐，鎮益殷富，事無大小，皆陰決於黃。會有小鬼法大者，鄰鎮大猾也。聞盛澤繁盛，率槍船百艘，蒞鎮設博局。既而忽思大掠以投賊，已密定期，黃聞之大恐。金彪之黨謂黃曰：「並世有英雄而君不知，毋怪君束手無策矣。欲制小鬼法大，盍用金彪乎？」黃大喜，盛筵款之，金彪允諾。會有皖北巢湖糧艘千人，避亂萃鎮上。金彪往說其酋助己，遂與小鬼法大戰，擒而磔之，盡奪其舟。於是設保衛局，集槍船團練為戰守計，事皆一決於金彪矣。初，金彪之滅小鬼法大也，舉盛澤附鎮，使舉酋設博局以為酬。巢酋自恃功高，欲分盛澤博之半。弗得，則怏怏不能平。金彪度巢酋終弗戢也，思並之。會巢酋生日，金彪載羊酒往壽，而伏槍船於蘆叢中以待之。飲博至暮，謂酋曰：「今夜月色大佳，吾兩人駕小舟縱飲湖上，可乎？」巢酋從之。中流酒酣，金彪請以銃擊宿鳥賭勝負。酋三擊不中，忿甚。金彪曰：「我一擊便中也。」遂洞酋胸，斃湖中。眾大譟，伏舟盡出。金曰：「兩君之能，何不作鏢客，可得重酬，乃寂寂甘居幕中耶？」蔡曰：「我兩人故保鏢者也。某年在京師有布鏢銀三十萬，欲保赴蘇州。鏢行難其人，僉曰：『非蔡氏兄弟不可。』我家南中，亦欲藉此歸覲，乃許之。既行，入山東境，天雨道濘，留止客店。偶倚店樓間，望見對樓一少年倚窗觀書。時予方吸煙，少年嚄曰：『好煙！此南中香奇也。』余因寂寞，過少年談，攜煙一包贈之。問姓名，不答，但云：『君將欲何往？』告以故。少年搖首曰：『近日綠林豪客甚多，前行大不易。』正談論間，樓下有過者，虬髯繞頰，肩青蚨十數貫，忽失足顛仆，童稚環睹而笑。虬髯徐起，理其錢，仍肩而去。少年目送之，不少瞬。余曰：『此行路者，久注視何為？』少年笑曰：『君不知綠林中暗號耶？虬髯，盜也。跌非真跌也，為暗識於階下。其黨過此，即知鏢銀在店中，以便認明會集，下手行劫耳。公身為鏢客，而不知此等關目乎？』予惶悚而退。越日天霽，次晨將行。少年攜酒一壺、熟雞一隻，直據上座，取雞、酒且酌且啖，大言曰：『我來觀汝等長技，何不一試演？』我兄弟遂取矛、盾，擊刺於前，盡生平之能以貢之。少年曰：『命可保矣，鏢銀則難保也。』乃曰：『奈何？』少年曰：『此亦天緣。吾當送汝曹一行，惟吾言是聽則可。』因諾之，遂偕行。先走數程，少年皆曰：『無妨。』又安睡。一日，少年曰：『明日宜早住店，且須住某店有樓者。止吾輩一團住，毋留外客。』如其言。比晚，少年令盡移橐銀置樓中，約曰：『汝兄弟各攜器械，守前後門，樓上我可獨當之。仍令一僕侍我。汝等聞有聲響，勿妄動，我命汝乃來。』是夜，予兄弟在前後門，迄不見盜至，但似聞院中有刀杖聲。少年不呼，不敢入也。天將晚，少年始呼曰：『幸無事矣。我殺盜十數，盜退矣。』某等錯愕，少年拉至樓後院中，地上血跡淋漓殆滿。問所殺之盜今安在，少年曰：『已移擲二十里外矣。兩君前途珍重，更無他虞，吾亦從此別矣，一言奉贈：此後勿再保鏢也。』言畢，飄然去。某等召樓上僕，詢所見。僕曰：初無動靜，少年但對燈默坐。近三鼓，屋瓦戛戛作響，少年已不見。即聞後院有刀杖聲。未幾，少年又在座。如此者數次。忽一人闖然立燈前，繞頰虯髯如蝟，忽與少年俱不見。少年俄又還座。聞樓下大聲曰：『究竟樓上何人？』少年應之曰：『九郎也。』樓下嘖嘖太息曰：『何不早言？徒傷兄弟無數。』後遂寂然。終不知少年為何許人。我等自此不敢保鏢。今君技尚不如我等，可挾重貲遠行乎？」曹唯唯而退。

（八）

唐將軍者，河南人，淡者忘其名。嘉慶初，川、楚教匪作亂，唐在軍屢立戰功，軍中獲賊妻女，每賞軍士。一日，獲賊頭目妻，國色也。唐請於主帥，欲得之。主帥曰：「以賞兵則可；汝弁也，不可。」唐曰：「不為弁，可乎？」主帥曰：「不為弁乃可。」唐遂辭官，挈麗人還鄉。年餘無事，且病，病甚劇。時教匪有苟文明者，麾下有朱漆火槍三千桿，號「無敵」。楊宮保遇春亦患之。諸將聚謀曰：「我等殊血戰，唐某獨閒居，今病於家。病而死，可惜。不如勸之出，助我輩立功。」楊宮保及與唐素善者數人往迎唐，唐病甫痊，具言文明難破狀，因勸之出。唐曰：「我出不必至軍中，詣賊中為間可耳。我謀文明必以夜。諸君歸，視賊營號火起，即發兵援我。」謀將諾之。唐投賊營，文明愛其武勇。又機變能察文明喜怒。文明倚之如左右手，所臥室他人勿能入，惟唐與偕。文明好男色，唐掠美童獻之，文明益喜。前後凡得孌童四，進文明。因醉文明以酒，令四童子侍寢。夜三鼓，唐察文明已睡熟，鼾聲大作。試呼之，不應；以手撼之，不動。猶恐其醒，解衣入被，抱而撼之，文明仍熟寐。唐急起，取佩刀斷其頭。披衣潛出帳外，乘駿馬遁歸。唐去移時，賊營始覺，急來追。唐發號火，官軍望見來援，賊乃退，三千人遂皆嘩散，唐之力也。後滑縣教匪起，唐從楊宮保往剿。楊率手下親兵二百人，行至道口，偵者曰：「此賊巢也，宜由他道走。」宮保曰：「我來剿賊，無避賊理。」當即進道口，唐請先往探之。既入，見群賊方燒羊肉飲酒。唐竟升座飲啖，賊以為其黨也，不問。飲畢，唐忽起，拔刀殺數賊。賊驚，群圍擊之，唐力戰死。楊宮保在外聞喊殺聲，即與二百人俱進。遂破道口，奪唐將軍屍以歸。

（九）

河南孟縣有萇渭清香，本秀才，好習「易筋經法」，相傳其法為岳武穆所遺也。萇習之頗精，力能屈鐵。大鐵釘長尺許，錯置三指間，指一動，已曲如鉤。友或戲之曰：「案頭石硯頗厚，今欲碎此硯，毋令案動搖。當飲君酒。」萇答曰：「此酒不易得飲。」以手微撫硯，案未動硯已碎，以故萇名聞於四方。嘗為友人自陝中送萬金歸豫，盜四人尾之行，皆猙獰少年，各以布裹雙刀插腰間。見萇孤身客，挾多金，料必能成事。不測淺深，隨十數程未敢下手。將近河南境，萇住店前屋，四人住後屋。萇往見四人，問：「公中，有徒數十人從師學藝，甘亦與焉。廟中一老僧，年八十矣，一腿偏廢不出。一雛僧才十餘齡，見甘等習藝，曰：「汝等胡為，終日轟轟，師父將命我毆汝等矣。」言畢，出寺去。甘不為意，師曰：「雛僧言非無意，俟其歸，試嬲令出手，一觀何如。」雛僧歸，甘如言嬲之。雛僧笑曰：「前言戲耳，我焉能解此？」甘固請之，雛僧即舉拳揮霍。甘之師者，雙目瞽矣，側耳聽之，驚曰：「拳景極高。」因命甘曰：「汝試往見老僧，當有以教汝。」甘肅衣冠，詣老僧求見。老僧坐禪床，曰：「汝所能，我已知之矣。汝視我牆中碑非完好者乎？」甘視之，牆中砌有石碑三，果完好。老僧忽伸病腿奮擊牆上，其腿較不病者轉長，牆屹不動而三碑齊折。老僧曰：「此謂內功，若汝所為，則外功耳。充汝之能，此一腿可使牆碑俱倒，然碑不得斷也。」甘大服，請從之學，盡得其秘以歸。甘後家居授徒，一僧至門外化緣，予之錢不去，予之米不去，問何所欲亦不應。甘徒皆剛暴好事，怒毆之，僧亦不動，群起奮擊，僧仍凝然若不知被毆者。徒大怪之，趨告甘。甘出，僧起立曰：「君在家甚善。明日約某處城根相見。」甘如期往，僧已先在。僧曰：「我與君之能，尚用較量乎？但我來，與君一驗功夫何如耳。」甘曰：「惟命。」僧坦腹負城牆立，曰：「君先拳我腹上三，我亦還擊三拳。」甘即運拳擊僧腹者三，僧不動。甘念僧腹能支伊拳，藝非常矣，轉懼僧拳已勿能勝。然不得已，亦坦腹負牆立。僧奮右臂擊之，拳且及，甘倏蹲地，拳從肩上過，深入城牆尺許。甘驟起肩其臂，臂斷，僧色不變，徐以左手扶右臂出曰：「果然好。後十年再相見。」後竟不來。甘嘗遇少林寺龍僧吉小山於旅邸，龍吉小山者，與白眉和尚齊名，少林寺最高手也。問知甘姓，且南京人，即曰：「甘鳳池，君何人？」甘詭言：「身係鳳池之侄。」僧曰：「然則名家子弟必工手搏法。」甘遜謝曰：「粗能之，而未精也。」因與較拳法。初亦相當，無甚高下。既而用器械，僧使鐵筋筋。甘見柱石下墊舊鐵刀，即起柱石，取刀敵之。鬥良久，正吃緊時，甘揮一刀去，計必中僧，萬無解免之理。僧頭忽縮入項，較尋常多縮入寸許，刀從頂過。甘投刀下拜曰：「我師也。」遂師事之。比歸，終不敢言身即甘鳳池也。甘官侍衛時，偶於宣武門外閑行，見一道士從城內出，隆冬披葛衣，流汗滿面，其行甚疾。甘見光景非常，急避之，道士已從身畔過，擦其肩。甘立不定，坐肉鋪木墩上，壓墩至地，道士不知何往，木墩碎若粉矣。甘無事，為販馬客醫馬。新馬未調良，欲踢人，皆就甘醫。甘以鐵棒攪馬後竅，馬怒。甘坦腹受其踢，仍攪不已。馬腿酸，蹄痛，不復踢。則更易他馬，蓋日醫數十馬以為常。甘既老，猶保鏢，旗書「南京甘黑虎」，盜望見之，皆斂手退。舟行至湖廣，有女盜三人，在水面飛步至。甘坐船頭看書，心甚異之，故示暇閑，仍一手持書，一手執槍以待。一女登舟，即奪其槍，二女助之，甘遂為所殺。甘之子嘗習父藝，一日，慨然曰：「我學父藝，藝如父止耳。當尚有進。」遂出外不復歸，聞父死乃歸，歸而復建甘黑虎旗號。保鏢赴湖廣，至父死所，亦坐船頭觀書，三女盜復從水面至。甘子聞父死時右手執書，左手執槍，乃左執書、右執槍以待。一女甫登舟，急以書撲其面，而槍中腹矣。女墜水死，二女遁去。

（十一）

羅提督思舉者，四川人，少為劇賊，犯案甚多，縣令擒之至，杖殺之，薄棺埋郊外。羅夜復蘇，撐棺破，掀浮土而出，逃入嘓匪大倭子黨。大倭子素聞其名，如虎得翼，引為心腹，所臥室惟羅得入。大倭子兇暴，每以非理虐其黨，黨人有陰欲謀之者，恨力不敵，計非羅莫能辦此。乃厚結羅，且告之謀。羅亦惡大倭子之為人，許之。值盛暑，大倭袒腹臥室中，羅入登其床。大倭子有鐵煙筒，頭銳若槍，坐臥自隨。羅取煙筒兩手握之，力刺其腹，洞入裡矣。大倭猶能躍起，羅倒地。羅復起撲倒之，大倭子死。羅為眾所不容，走歸。時川、楚教匪未靖，羅投官軍示自效。鄉勇頭目皆夙知羅之為人，言於帥，斥勿用。羅不得已，將轉投教匪。途中遇老嫗，相其貌曰：「汝意非欲投賊耶？是斷不可。」羅異其言，問：「何適而可？」嫗仍勸令從軍，且曰：「自此富貴至矣。」羅念軍中惟一千總與素好，因往見之。千總留吃飯，問羅技何者最優，羅曰：「某頗矯捷，高數丈可騰身而上。」千總曰：「今教匪聚某山，山壁立，莫能上，正無策破之。汝若破此賊，大可進身。」羅諾之。千總為言於帥，帥問羅需眾幾何，羅曰：「此非與之戰也，乃為偷寨計，需火藥五十斤，無需隨人。賊山高，亦非他人所能登。」帥疑羅誑藥，固欲派人隨之。羅因請與二十人俱。天傍晚，同至山下。度山勢無路可上，惟一處山腰有枯樹，可緣附之。而樹去地尚遠，非超躍可及。因還營，索長木數十株，用繩束之，令二十人扶使植立。羅帶火藥及火升木顛，躍及樹，由樹再躍登山，猱附而升，伏於叢莽間。俟夜深潛出，就賊營四面放火。賊倉猝不及備，多燒斃。黑暗中又不知何處兵至，狼奔豨突，自相殘殺及殘踏死者無數。羅仍伏草中不動。天明視之，賊營盡焚，賊俱散去。羅出割死者首級十數，持以歸，詣營報功，帥始收用之。自是每戰輒陷敵，累功至今官。任四川提督時，年已七十，兩襪猶能各帶鐵條數枚，於署後設木梯，高四十級，日上下數十次，故矯健至老不衰。既貴，與人言不諱作賊，並於向被埋處建書院，以志不忘。

（十二）

善緝捕之役，其技往往與劇盜爭名。桐鄉陳秀才言其尊人行賈山東，遇一客亦陳姓，嘗與象戲，客局敗，以其子拍几上，曰：「唉！」棋已嵌入几中，與几面平。陳大驚，加物色焉。客曰：「我山東名捕也，今退，不復為矣。」陳曰：「以君之能，任緝捕必稱職，何退為？」客曰：「某當捕役時，實有能聲，顧因是幾得禍。某歲，鄰邑有大竊案，邑之捕人不能緝，稟令聘予往。予勘被竊家牆垣，了無出入蹤跡，知必遠來高手賊，辭不易緝。令再三請，予曰：『試訪之，獲否未可必，亦不得限時日。』令諾，給銀作旅費。某遂各處尋緝，偶過一村，見有大戶新蓋房屋，約百數十間。因於對門茶店小坐，漫問此屋何年興蓋。答言：『本年。』『主人土著乎？外來乎？』答：『以外鄉遷來。』問：『何業？』答：『不知。』予心動，即於村中僦屋暫居，日詣茶館吃茶，且與大戶僕人通款曲。亦皆係新來之人，不能知主人底蘊。但言：『主人年七十餘，雙目皆瞽，此間無親戚往來，約逾月即遠出一次。出必以夜，從水路去，亦不知詣何處。』予因留意，探知伊主某夜當出，先於要路遺糞，而伏於暗處窺之。至三鼓，見二人攜燈導一叟出，燈竟前走，並不需扶掖。叟步甚健捷，遇遺糞處，叟儼然旁走避之，並不踐糞。予心知其瞽偽也，是可斷其非善類。俟其歸，往見其僕曰：『某江湖算命，落魄無聊。汝主多財，幸薦某一推算，獲錢當分用之。』僕曰：『諾。』翌日，僕奔告予：『主人候汝算命。』予即往，門者引之入。屋甚深，凡進一層屋，則一重門閉。至最後一層，見叟扶几南向坐。予揖之，叟亦不動。予言：『宅上何人算命？』叟笑曰：『子為算命來乎？子非山東名捕陳某乎？』某大驚，然心念此時已無路可出，既為猜破，不承認則反示弱。慨然應之曰：『果然，我陳某也。』叟曰：『是矣，子姑歸，三日內聽覆信。』復令人導予出。過三日，無消息。予復踵其門問之，門者傳言：『信已送君枕邊，何尚未知？』予歸，搜視枕底，則白金二百兩，白刃一柄，赫然存焉。予悸欲絕，急往白縣令，言末由緝訪，噤不敢言叟狀。自是有戒心，辭役，不復作捕人矣。」

又有京師老番役一，緝捕最有名，因老退役。後京中連有大竊案，提督嚴比番役追緝，訖無影響。眾役窘，求助於老番役。老番役往被竊家勘視，曰：「京城土賊及外來者，予無勿知，未見有此高手。當留意細訪。」久之，無端緒，惟察某處有業剃頭者，光景非常。因與遊，不能測其底裡。念京師除此人更無可疑者，擬下手擒之。剃頭鋪對面有空屋，老番役常偕剃頭者於中閒談。是日，老番役遣其徒伏空屋後門，徒能運五十斤鐵錘，戒之曰：「但門內有人出，急擊勿失。」徒攜錘往伺。老番役乃約剃頭者至空屋中閒談，均立廊下。剃頭者兩手扶闌干，老番役佯與談，舉手欲按其手。蓋老番役長技，但經伊按住，無得脫者。甫欲按下，剃頭者已覺之曰：「噯！汝欲何為？」老番役不答，急按其手。剃頭者忽用蛻皮法，抽兩手出。老番役所握者，皮兩把而已。其徒在後門外，瞥見一人出，急揮錘擊，不中，中地，黑塵坌起。剃頭者竟杳無蹤。

三十九、小德張

隆裕太后權力遠不及慈禧，而亦有寵監著聞，卓者小德張之能繼靴子李而興也。顧小德張之勢力與資富，雖自不及李，相傳亦有百萬私產。在宣統朝，大吏奔走其門下者，實繁有徒。民國而後，太后既退居深宮，小德張尚能擁資自樂。惟群監已失婪賄之路，皆欲朔饑欲死，聞小德張獨富，遂一見即向之索錢。小德張絕足不敢出宮門一步，並其私宅亦不敢歸。然其在前門外大柵欄所開最巨麗之洋貨肆，名曰「德義」者，尚金碧耀煌，購物者肩摩轂擊也。隆裕下世，小德張遂出宮居私第，公然又為某金店之主人翁矣。得此郎君，於以殿二千年來宦寺之局，即非天之驕子，亦歷史上不可不載之人物也。

四十、春阿氏案

光緒晚年，京師有一奇案，幾與前此之四大奇案（予誌其三：一逆僕包祥弒李毓昌，二木工婦弒夫，三涿洲獄，其四即楊乃武案，人所共知者也）並稱。後雖雪昭，而罪人未誅，冤者又已卒，誠憾事也。初，滿人某者，居東城某胡同，有世職食祿，不事事，娶妻亦舊族，即春阿氏是。有後母年尚少，夙著豔名。父死，頗不安於室，然亦未有新著之穢史也。氏貌美而性烈，然事姑孝。滿俗：姑媳之間，禮節繁縟，凡早晚問安，以逮飲食、起居、坐立、言動之細故，無不嚴辨尊卑上下。姑雖年少於媳，而名分所在，責備綦苛，且生性奢靡驕倨，又家漸中落，奴婢星散，至中饋溷圊之事，亦須媳代之，而氏服勞奉養，迄無怨言。某性顢頇，嗜酒與博，既不更事，復難養家。氏守常祿及出私蓄以附益之，不足則恒忍饑，人皆知其賢。無何，姑之醜史漸著，所歡者為某旗佐領。祿入亦不敷，則更紹介他金店友以分其勞，故某之門漸如市，穢聲四播。某時聞同輩中譏刺，疑之，始留心窺察，信，則大憤，聲言欲與金店友為難：非得千金，將擒而置之步軍衙門。語且侵佐領。二人懼，以告後母。後母謂：「是混混者妄言耳，盡聽之，彼必無奈何。」一日，俟金店友既入，彼竟伏人於門側，俟其出，要擊之。金店發長跪求釋，署券百金始罷，自是不敢復至。後母知之，恨甚，自是常外出不復歸。會母有侄某者，亦無賴，與某素不相能，平日見面不交一語。母既憾某不已，思維侄可制之，乃囑金店友以財餂侄，侄果願效馳驅。是晚，母忽返，侄挽他友醉某以酒，扶掖而歸。則見妻房中一男子翩然出，一瞥不見。大怒覓之，詬厲不已，抶其妻無算。妻以其醉，忍受之，不與較。久之，鼾寢矣。姑召媳入，語某無禮狀，反勸慰媳。氏言：「彼醉，兒不與較可耳。業已如此，抱怨亦奚益？」談良久，始歸房，乃從旁榻寢。蓋某性暴烈，酒後恒不令氏同臥，或非招之，氏不敢自由行動也。比醒，天已黎明，某殊無聲息。氏意彼酣恬，亦不為意。出房如廁，過姑室窗外，燈火熒熒，猶聞人褻語，太息不已，自言：「家道如此，何以持久？」欲乘夫醒婉勸之。入房審視，不覺驚暈，蓋夫已僵臥血泊中，頸上刀痕縷縷，亦不知於何時被人殺死矣。出房驚呼：「有盜！」姑躍而起，若預知者，問：「安得有盜？盜安在？」氏不能對。姑入視某狀，大哭曰：「殺吾兒者，必記日間痛抶之仇也。」因立命人縛氏鳴官。氏乃悟陷害之故，自思身命如此，辨亦無益；但此非美名，即亦不承，官其奈我何？既付有司，姑歷述當日夫妻反目狀，且及房中有男子竄出事。官知為曖昧，而疑氏樸素婉篤，非不貞者，姑妖淫若此，情大可疑。然氏但供其夫不知為誰何所殺，亦無房留男子事，而絕不及姑之有外遇。及訪輿論，人言鑿鑿，皆指斥姑，顧不可據為定讞。以言導氏，氏終不肯承。或私勸之，則曰：「妾命薄，業嫁此家，復何恨？姑雖有外遇，但與殺人是否有涉，吾未目擊，徒揚其醜何為？吾甘死於此。苟不能昭雪，亦命也。」始終不言，歷問官三五，矢不移，案懸不能結。無何，氏得疾，死獄中。某官始訪得姑侄殺人狀，而侄亦亡命黑龍江，已死。惟姑猶存，欲懲治之，而為氏旌表。革命事起，遂未果。

四十一、賀昌運

賀昌運者，四川富家子，以道員入都營幹。偶遊香廠，睹一麗人，風騷冠儕輩，因注意焉。未幾，托波通辭，竟成邂逅之緣，入此室處，予取予求矣。麗人乃道、咸間某相國之孫媳，某胡同巨第巍峨，家無尊長，僅一庶祖姑，亦聾聵不事事矣，故賀得出入無忌顧。某相國門生故吏列朝右者頗多，戚友通往來者，不無顯赫之輩，聞其狀，憤不能平。時賀竟移居相國第中，儼如小夫婦矣。戚某者，又慫恿其庶祖某訴訟，庶祖姑懦，畏賀氣焰，謝不敢。後乃得相國族侄某者，訴於官廳，一時哄傳都下。以賀某身為職官，犯此姦占之行為，苟不嚴懲，何以澄敘官方，整飭綱紀。刑官不得已，乃捕賀，置之獄。賀上下行賄，卒以五萬入慶邸，而得遞解回籍之判決。既出獄，麗人追與之俱曰：「以爾車來，以我賄遷。」從此雙宿雙飛，薄道員而不為矣。賀家故有婦，麗人願為夫子妾。後挈之俱居滬，相國遺產為之揮霍殆盡，亦孽緣也。

四十二、吏部鬻官案

吏部鬻官蓋時時有之，惟慶邸時則定價招徠，明目張膽，較為顯著耳。初，慶邸賄賂公行，外省官吏，幾無不以賄得者。言官譁然，朝旨終不問。及振大爺之楊翠喜案出，御史江春霖輩上疏力擊，反得罪官之結果，言路益憤。諸諫台會議松筠庵曰：「不以法破此獠，吾終不需此烏台矣。」或曰：「擒賊擒王，固痛快之事。但機會未至，徒勞何益？吾意不若翦其羽翼，則事易辦也。」眾皆然之。或乃言：「今吏部員曹悉係慶黨。平時為其經商賣力者，不知凡幾。以予所得鑿鑿有證者，某事某官，咸可指數。不如從此處著手，官小力薄，縱慶欲回護，然物議如此，彼必不能以一手掩盡天下耳目。揆之救大不救小之例，亦當易於得力。苟有動機，吾輩徐圖進行，為得寸得尺計。此法殊佔便宜。」僉曰：「諾。」疏上，而吏部郎官王憲章者拿問矣。王憲章為某曹郎中，慶邸走狗也。每歲鬻州縣官者百計，以十分之五呈慶，而自取其二，餘則同儕分潤焉，行之有年。至此破裂，急求救於慶邸。慶邸報之曰：「犧牲子之一身，以保我名譽。吾官爾子孫，令爾含笑於九泉可也。」王遂正法於京市。

Do歷史20　PC0422

清宮秘史：十葉野聞

作　　者／許指嚴
主　　編／蔡登山
責任編輯／蔡曉雯
圖文排版／周好靜
封面設計／王嵩賀

出版策劃／獨立作家
發 行 人／宋政坤
法律顧問／毛國樑　律師
製作發行／秀威資訊科技股份有限公司
地址：114 台北市內湖區瑞光路76巷65號1樓
電話：+886-2-2796-3638　傳真：+886-2-2796-1377
服務信箱：service@showwe.com.tw
展售門市／國家書店【松江門市】
地址：104 台北市中山區松江路209號1樓
電話：+886-2-2518-0207　傳真：+886-2-2518-0778
網路訂購／秀威網路書店：https://store.showwe.tw
國家網路書店：https://www.govbooks.com.tw

出版日期／2014年11月　BOD一版　**定價**／300元

|獨立|作家|
Independent Author

寫自己的故事，唱自己的歌

清宮秘史：十葉野聞 / 許指嚴著 -- 臺北市：獨立作家,
2014.11
面；　公分. -- (Do歷史系列；PC0422)
ISBN 978-986-5729-46-2 (平裝)

1. 清史 2. 史料

627　　　　103021017

國家圖書館出版品預行編目

讀者回函卡

感謝您購買本書，為提升服務品質，請填妥以下資料，將讀者回函卡直接寄回或傳真本公司，收到您的寶貴意見後，我們會收藏記錄及檢討，謝謝！

如您需要了解本公司最新出版書目、購書優惠或企劃活動，歡迎您上網查詢或下載相關資料：http:// www.showwe.com.tw

您購買的書名：______________________________

出生日期：________年________月________日

學歷：□高中（含）以下　□大專　□研究所（含）以上

職業：□製造業　□金融業　□資訊業　□軍警　□傳播業　□自由業

□服務業　□公務員　□教職　□學生　□家管　□其它_____

購書地點：□網路書店　□實體書店　□書展　□郵購　□贈閱　□其他

您從何得知本書的消息？

□網路書店　□實體書店　□網路搜尋　□電子報　□書訊　□雜誌

□傳播媒體　□親友推薦　□網站推薦　□部落格　□其他__________

您對本書的評價：（請填代號　1.非常滿意　2.滿意　3.尚可　4.再改進）

封面設計____　版面編排____　內容____　文／譯筆____　價格____

讀完書後您覺得：

□很有收穫　□有收穫　□收穫不多　□沒收穫

對我們的建議：______________________________

____

____

____

請貼
郵票

11466
台北市內湖區瑞光路 76 巷 65 號 1 樓
獨立作家讀者服務部 收

（請沿線對折寄回，謝謝！）

姓　　名：＿＿＿＿＿＿＿＿ 年齡：＿＿＿＿ 性別：□女　□男

郵遞區號：□□□□□

地　　址：＿＿＿＿＿＿＿＿＿＿＿＿＿＿＿＿

聯絡電話：(日) ＿＿＿＿＿＿＿＿ (夜) ＿＿＿＿＿＿＿＿

E-mail：＿＿＿＿＿＿＿＿＿＿＿＿＿＿＿＿